音频图文版

不疯魔 不哲学

哲不解（张明明）/ 著

最最最欢乐版西方哲学

人民出版社

责任编辑：洪　琼

装帧设计：林芝玉

插　　图：林芝玉

图书在版编目（CIP）数据

不疯魔，不哲学：最最欢乐版西方哲学（音频图文版）/ 哲不解（张明明）著 . —北京：人民出版社，2018.5（2023.3 重印）

ISBN 978 - 7 - 01 - 018408 - 1

I.①不⋯　II.①哲⋯　III.①哲学家 – 列传 – 世界　IV.① K815.1

中国版本图书馆 CIP 数据核字（2017）第 256798 号

不疯魔，不哲学

BUFENGMO BUZHEXUE

——最最欢乐版西方哲学（音频图文版）

哲不解（张明明）　著

人民出版社 出版发行

（100706　北京市东城区隆福寺街 99 号）

北京盛通印刷股份有限公司印刷　新华书店经销

2018 年 5 月第 1 版　2023 年 3 月北京第 4 次印刷

开本：880 毫米 ×1230 毫米 1/32　印张：11

字数：200 千字　印数：26,001 - 30,000 册

ISBN 978 - 7 - 01 - 018408 - 1　定价：69.00 元

邮购地址 100706　北京市东城区隆福寺街 99 号

人民东方图书销售中心　电话（010）65250042　65289539

目 录

【纪传体排版】

哲学十二钗正册

哲学十二钗副册

目录

【编年体排版】
（按照时间顺序与哲学流派）

精彩内容音频

（扫码即可欣赏）

哲学十二钗

12 PHILOSOPHERS

正册

老宅男
康德

Immanuel Kant
(1724–1804)

所有通向哲学之路的人都要经过一座桥，

这座桥的名字叫作伊曼纽尔·康德。

——戈洛索夫克尔

18 世纪，德国，柯尼斯堡。

如果当地居民，谁家的表走得不准了，那么需要做的只是蹲点到康德家门口调时间，因为每天下午 4 点，康德会准时出门散步，其准确度相当于今天央视《新闻联播》前的 ×× 表为您报时。这一规律行为直到卢梭《爱弥儿》的出版，作为卢梭超级粉丝的康德，对《爱弥儿》爱不释手，以至于忘记散步。那天下午 4 点，教堂的钟一如往常敲响，可康德还未现身，柯尼斯堡陷入一片恐慌，大家一致以为：K！教堂的钟竟然坏掉了！

康德，男，生于 1724 年，死于 1804 年，一辈子宅在柯尼斯堡，他出生的那年在遥远的东方社会——中国，雍正二年，四爷党们正在政坛上龇牙咧嘴，禁止基督教在华传播，闭关锁国外表貌似彪悍内心却早已惶恐；他死的那年，曾经璀璨耀眼的德国古典哲学迎来了它的终结者——费尔巴哈同学诞生。

用我们的话，康德小时候是个穷苦放牛郎。爹爹是工匠，家境极其贫苦，家中兄弟姐妹又多，13 岁时康德经历了丧母，16 岁时他以优异成绩考入柯尼斯堡大学，并对牛顿的思想与自然科学产生了浓厚兴趣。小伙子康德正准备在思想领域大展拳脚之际，他的父亲却撒手人寰，家里的经济来源从此中断。如若放在中国，康德同学的案例可以为"希望工程"拍广告了。可优等生康德穷且益坚不坠青云之志，本欲继续深造的他毅然决然放弃学业，选择当家庭教师赚钱补贴家用。

在当时的欧洲社会，家庭教师的地位和家仆不相上下。曾经自负骄傲的哲学男青年康德大吼一声："不要绕着困难走，要迎着苦难行。"从此，他在家教之路上走了9年，更将学生家长——女东家凯萨琳伯爵夫人家教成自己的绯闻女友。

1755年，昔日同学都已成为名流新贵，金融小开，弟妹们这时也长大成人，优等生康德以32岁高龄重新回归大学。厚积必然薄发，康德先是以拉丁文论文《论火》顺利通过柯尼斯堡大学哲学系硕士答辩，3个月后又乘胜追击通过了第二篇论文《对形而上学知识的第一原理的新解释》，答辩结束，康德留了校，成为柯尼斯堡大学一名编外讲师，所谓编外讲师，也就是收入由听课学生支付。

康德从此完成了人生第一次，也是最后一次跳槽：从家教跳为教书匠！此后，康德一生待在校园里，潜心于学术。1758年康德竞争教授职位失败，直到1770年，柯尼斯堡大学的教授职位终于空缺，康德才以《感觉世界和理知世界的形式和原理》一文通过就职答辩，最终完成了职称评审，正式成为柯尼斯堡大学一名正式教授。人家别的教授一年核心期刊发论文N篇，大作出版N部，普鲁士国家级项目经手N个，可愣头青康德再次犯愣，从评上教授到1781年，11年间不曾发表一字。对此，作曲家门德尔松的爷爷哲学家摩西·门德尔松老大爷恼羞成怒：康德这厮让整个教授界蒙羞！面对所有的讥讽和嘲笑，卢瑟·康德内心极其淡定："你们不懂，哲学是无法教授的，哲学是思想者的事业！随便你们怎么说，反正我自强不息，厚德载物。"

　　1781 年，淡泊明志 11 年后，康德终于一鸣惊人。他数月间完成了哲学巨作《纯粹理性批判》，并轰动整个哲学界。翻开西方哲学史你就知道，在康德之前，关于人类的认识问题，理性主义和经验主义吵吵闹闹，喋喋不休。理性主义代表人物有"我思故我在"的笛卡尔、斯宾诺莎、莱布尼茨等，在他们看来，感觉和经验并非知识的来源，只有理性才能认清事物的本质，理性本身不会产生错误。笛卡尔提出天赋观念和理性演绎法，认为上帝存在的观念，数学原理，逻辑规则，道德原则都是为人们所普遍承认的天赋观念，只要从这些天赋观念出发，经过严格逻辑推演，人类就能够获得知识，获得真理。康德将此称为"独断论"。经验主义代表人物有培根、洛克、贝克莱、休谟等，在他们看来：一切观念都是从经验认识中抽象概括出来的，经验是知识的唯一来源。人们所知道的一切除了逻辑和数学，都以感觉材料为依据。理性不依赖感觉和经验就不能给人们以现实的知识。康德将此称为"怀疑论"，因为，他怀疑一切知识的根基。我们可以将这一哲学争论深入浅出地总结为：笛卡尔—牛顿体系在解释宇宙结构和运动方面已经表

伊曼纽尔・康德

Immanuel Kant (1724–1804)

明人类的理智可以获得关于世界的可靠知识，而洛克、贝克莱、休谟等经验主义者则认为，人类在感觉基础上形成的经验根本不可能把握这个世界的真实存在。

吵架中，康德神作《纯粹理性批判》出场，这本书调和了理性主义和经验主义的矛盾："甲方理性主义派，乙方经验主义派，你们两派休要再争论纠缠，依老朽看，世界可分为物自体和现象界，物自体也就是事物本身不可知，而现象界嘛，是可以被人类所认识的"。康德的理论不仅成功地调解了一场旷日持久的哲学武林纷争，还替各种星座学、周易学、奇门遁甲术友情提供理论支撑：谁说这些都是伪科学了？科学才发展了多少年，科学之外的物自体是不可知的。

听康德讲哲学，他会开门见山抛出四个关于哲学的基本问题：一、我们能够认识什么？二、我们应该做什么？三、我们能够期望什么？四、人是什么？这四个问题就构成了哲学所从事的事业，康德的《纯粹理性批判》就集中回答了第一个问题——"我们能够认识什么"。在书中，康德将理性分为理论理性和实践理性，所谓纯粹理性也就是理论理性，指的是独立于一切经验的理性，通过理性的有限范围去认识；而"批判"原意是"书评"，就是分析，即通过纯粹思辨对理性进行考察。在康德看来，纯粹理性批判不只是驳斥独断论与怀疑论的不足，它更多的是提供了一个全新的主客体关系，人类只能认识到自然实在表现出来、被人类心灵捕捉到的那部分现象，而不能认识到真实存在本身及其规律性；知识不再由对象所决定，而是对象由我们的认识能力所决定。说白了，人类认识的世界并非世界本身，而是能被我们所认识的世界。康德的《纯粹理性批判》正是通过理性批判来确定理性的合法适用范围，肯定理性所产生的知识的客观性。

康德的纯粹理性就意味着人们的理性要从常识性的见解中解放出来，因为客观认识的必然性与普遍性并非源自客体，而是源自认知主体，也就是人本身。有一些先天条件在逻辑上先于经验又决定经验，这就是"先验"。至此，康德完成了认识论上的"哥白尼革命"，这一革命的核心正是"人为自然界立法"。

之所以说这场思想变革是哥白尼式的革命，正是因为在康德之前，人的观念需要围绕着对象符合对象，这种思路类似于太阳要围绕着地球转，但是康德却指出，不是观念要符合对象，而是对象需符合观念，世界是人根据自身的认识条件所认识的世界，康德的革命类似于指出了地球是围绕太阳转。

康德的纯粹理性的威力直接波及到上帝，人们靠感官所能捕捉到的影像只能代表真实世界的太虚幻境，人们用有限的感官功能去体察上帝和灵魂的存在无异于痴人说梦，没有人有权力可以武断地承认上帝的存在。如此，诗人海涅曾一针见血：
"康德呀，康德，你这惨无人道的无神论者。你用无情慧剑把
上帝、天使赶尽杀绝，尸骨堆山。从此后，在苦难处的人们无
处诉苦，无处求援。"厚道的康德也意识到自己的哲学要是太
彻底会破坏宗教，加之康德忠实的仆人兰泊因为上帝受到如此
不公正的待遇，整天介哭天喊地，抹泪擦鼻，康德也实在看不
下去："可怜的老兰泊必须有一个上帝，否则苦难中的人们不
是永远处于绝境么？"于是，为了怜惜上帝，宽慰仆人，老好
人康德尽管用纯粹理性否定了上帝，却又决定用实践理性使上
帝借尸还魂、死而复生。老仆兰泊这才也终于破涕为笑。

　　1788 年《实践理性批判》出版，这本书回答的正是康德
提出的第二个问题和第三个问题——"我们应该做什么？"与
"我们能够期望什么？"纯粹理性讲的是人类的认识问题，实
践理性讲的则是人的道德行为，即理性在道德上的功能。实践
理性要高于纯粹理性，人的认识最终还是要为道德服务的。实
践理性要想让道德行为成为可能，就必须肯定三个假设：人的
自由、灵魂不死与上帝存在。这三个假设将人的道德价值提高
到自我与上帝的高度上来，也就是康德所谓的道德形而上学。
在书中，康德主要讨论了伦理学问题，阐明了人的伦理行为的
动力和规范，从伦理道德和信仰的角度说明设定上帝存在、灵
魂不灭和意志自由的意义。1790 年《判断力批判》出版，它

试图回答第四个问题——"人是什么？"。实践理性会影响纯粹理性，道德会影响人的知识，自由必定影响了必然，而《判断力批判》就旨在解决前两个批判中阐明的必然和自由之间的对立。沟通纯粹理性和实践理性的桥梁，诉诸以审美，就叫作判断力，判断力在美学和自然界的作用正是把必然和自由结合起来达到最后的和谐。人，理性的完整的人，把纯粹理性与实践理性统一起来。

《纯粹理性批判》《实践理性批判》与《判断力批判》这三本书就是后人嘴里的"三大批判"，以1770年的那篇就职论文为界，康德的学术思想存在着转折点。从大学毕业到1770年，这段时期被称为"前批判时期"；从1770年发表就职论文并陆续完成三大批判，这一时期被称为"批判时期"。"前批判时期"的康德侧重于研究牛顿力学自然科学，受莱布尼茨哲学影响很深；"批判时期"的康德集中研究认识论、伦理学和美学，并对独断论展开了批判。

"三大批判"之后，德国各大高校与思想界掀起了一阵"康德热"，德国所有高校哲学系学生必修课之一就是康德哲学。康德的"三大批判"的确是气势磅礴，高瞻远瞩，气象万千。康德本人如同一位兼容并蓄的战略家，他的学说取众家之长，掘各家之短，缜密细致地推论演绎出属于自己的庞大哲学体系。近代哲学在康德这里汇集，现代哲学又从康德这里

出发。

偶像康德也有偶像——卢梭。尽管此时的卢梭已惨遭妖魔化、歪曲化，可康德却对卢梭充满了敬慕，且矢志不移。在武侠小说里，总有年轻的后生贪恋地追求武功，想成为武林第一，统领江湖，技压群雄的大侠，为防止其练武走火入魔，根据剧情需要，这时就会有江湖前辈跳出来点化他："武功不过是器械拳脚，侠之大者，理应为国为民，武功的精神是为了天下芸芸众生，不然一招一式也会沦为暴虐的爪牙。"后生从此大彻大悟，后来果真成为除暴安良，扬善除恶的一代武林大侠。卢梭对康德的点化正是在此。年轻的书生康德贪婪地追求着知识，将推动知识发展视为人生最高追求，自然免不了点文人清高。卢梭的书籍和思想及时纠正了康德的观点：人类的思想之上还应有着人类的尊严、权利和自由，如果一个思想者的思想不能帮助人类确立自身的权力和自由，那他就什么也不是。康德如梦初醒，从此放弃纯粹思想之说。对于没事了就喜欢仰望星空并关注内心道德律的宅男康德而言，他这一生的基本课题也就这两个：科学与自由。康德沿着牛顿的自然科学体系和卢梭的自由学说之路，全面地考察了人类社会。

康德曾提出个大名鼎鼎的哲学概念："二律悖反"。所谓二律悖反，简单地说，就是关于同一个问题，双方各形成了自己的学说，两种学说相互矛盾，却各自成立。二律悖反有点类似于我们口中的两个人吵架"公说公有理，婆说婆有理"，公与婆的说法尽管矛盾，但你无论听哪一方的倾诉，都觉得他是对的。于是问题来了，两个人都对，那究竟什么是错的？

为论证纯粹理性的不足，康德在《纯粹理性批判》一书中列举了4组二律悖反：

（1）正题：世界在时间上有开端，在空间上有限；反题：世界在时间上和空间上无限。

（2）正题：世界上的一切都是由单一东西构成的；反题：没有单一的东西，一切都是复合的。

（3）正题：世界上有出于自由的原因；反题：没有自由，一切都是依自然法则。

（4）正题：在世界原因的系列里有某种必然的存在体；反题：里边没有必然的东西，在这个系列里，一切都是偶然的。

之所以有二律悖反，在康德看来，是因为人们无法认识物自体。人的认识由"感性"阶段进入"知性"，最后进入"理性"。感性通过感官感受，知性通过先天的综合判断都可以认识现象的世界，比方说，我们通过感性知道了事物的颜色、大小、气味等；我们通过知性掌握了事物的概念和范畴。然而，我们认识的都是现象世界，我们没能把握本质的世界即物自体。理性不满足于感性和知性的能力限制，于是追求着无限永恒的物自体。可惜，理性在认识时超越了自己的经验界限，企图通过有条件的、相对的现象知识去认识宇宙理念或物自体时，依据普遍承认的原则建立起来的两个命题就会必然出现矛盾冲突，也就产生了二律悖反。说白了，人的认识只能限于现象世界，物自体对人来说，永远不可知。举个例子，一群正常视力的人眼里的红色是一种颜色，而对于色盲而言，他们的红色却可能是另外一种颜色。我们每个人认识的都是事物的现象，而不是事物本身。

康德在生活中是个老好人，在道德理论上更是个绝对的老好人。最近，哈佛大学迈克尔·桑德尔教授的哲学公开课《JUSTICE》红遍全球，学生们趋之若鹜。桑德尔教授曾在公开课里详细讲述了康德的绝对道德主义。根据"电车难题"，一个疯子把五个无辜的人绑在电车轨道上，一辆失控的电车朝他们驶来，并且片刻后就要碾压到他们。如果你是司机，你可以拉一个拉杆，让电车开到另一条轨道上。但此刻另外一条轨道上绑着一个人，你该怎么抉择？以边沁为代表的道德功利主义就会毫不犹豫地选择换轨道，牺牲一个人总要强过牺牲五个人。但康德的绝对主义道德却反对如此做法，当你拉了拉杆换了轨道杀死了那一个人，你也成了不道德行为的同谋。在康德那里，一个人是不是好人，有没有善良意志，不在乎他做事的结果是否有益处，而只看他做事的动机。一个杀手正在追杀你的朋友，你的朋友此刻正藏在你家衣柜里，你对杀手撒谎说朋友不在你家里，尽管你保全了朋友的生命，但你的做法在康德看来却是不道德的。康德的道德是一种"绝对命令"，强调了意志自由和道德原则的普遍有效性，没有自由就没有真正意义上的道德行为。

康德的哲学除了气势磅礴，还有着另外一个明显的"优点"：晦涩难懂。其实不只是康德，费希特、黑格尔等德国哲学家的作品都集体享有"笨拙晦涩"的美名。在法国，卢梭、伏尔泰等启蒙思想家的作品文字优美，思想震撼，书籍一经问世，立刻人人传诵，大家伙争相阅读。可到了德国，可怜的德国哲学家好不容易写了一本书，大家却一致反映：看不懂！被逼无奈的德国哲学家又出了个注释本，没想到大家抓耳挠腮：还是看不懂！欲哭无泪的德国哲学家只好不厌其烦地解释介绍，最后大家才一致反映：好像懂了。比起法国哲学的通俗易懂、文学性强，德国哲学大多深思熟虑、思想精深。与法国哲学相比，德国哲学在文学价值上稍逊浪漫法国人一些风骚，但论起思想深刻性与体系性，严谨的德国古典哲学以大师级手笔称霸整个哲学武林，目中无敌。

康德是德国古典哲学体系的开端，这一体系途经费希特、谢林，在黑格尔那里登峰造极。这一体系规模极其庞大，内容丰富充盈，包罗万象，借用奥委会主席罗格同志评价北京奥运会一词那就是："无与伦比"！叔本华作为康德的忠实拥趸也曾有云："想当哲学家，首先须得做康德门徒，不知康德者，只能算个蒙童。"

康德一生宅在柯尼斯堡，未婚，一辈子老处男。对此，后世看不懂"三大批判"却又痴迷康德的猥琐孩子们，不得不发挥娱记精神，深度挖掘康德私生活。研究面从康德的男仆浪泊到康德资助过的男学生，最后得出结论：康德是个同性恋！

呵呵，他们不知道，康德一生未婚，除了家庭负担过重之外，是因为康德是欧洲中世纪体液理论的严格恪守者，说白了就是：人类体液就是生命力，体液只能在体内循环流动，如有消耗，人就会衰老死亡。所以，剧烈运动？NO！会汗液流失！法式热吻？NO！会唾液流失！XXOO？哼，想都别想！康德一生活了80岁。

康德是个全才，除了哲学，他还通晓逻辑学、数学、物理、力学、地理、生物、神学、自然法，是"星云假说"的提出者。后世有多少人质疑这个身材矮小，只有157厘米，先天不足，胸腔狭窄，体质羸弱，一辈子离群索居本应孤陋寡闻的乡巴佬究竟体内有何力量能完成惊世傲人的"三大批判"，并成为一代哲学巨擘。周杰伦有首歌《阳光宅男》，我想形容康德最为恰当：康德宅的是外在，内心绝对笃定，强大到万里无云，阳光普照！

面对所有疑问，康德其实最想说："不要迷恋哥，哥不是传说，哥只是不寂寞！"

处女座的
黑格尔

G.W.F.Hegel
(1770–1831)

黄昏，黑格尔登上高高的山冈，意气风发，心中丘壑万千，他双手指向苍天，用浓浓的施瓦本方言高呼道：啊，我那密纳发的猫头鹰呀，黄昏才能起飞！

风凌乱了他为数不多的头发。

倘若你要问我最喜欢哪个哲学家，我定会咬紧嘴唇，双目炯炯有神熠熠发光答案掷地有声：黑格尔，还是黑格尔。倘若你追问为什么，我会告诉你，因为黑格尔和姑娘我一样是处女座！我们这个悲催的星座，在世间已遭到千夫所指万夫埋汰，能出黑格尔这样一个哲学界大家，对于我这样削尖了脑袋拼了老命也要跻身于哲学大家行列的女青年来说，这无疑是黑暗中的灯塔。

此时此刻，我多么想紧抱黑格尔大腿，深情演绎走调版《You Raise Me Up》：啊，黑格尔，You raise me up, so I can stand on mountains; You raise me up, to walk on stormy seas; I am strong, when I am on your shoulders; You raise me up: To more than I can be…（让我得以屹立于高山之巅；你唤醒了我，让我得以遨游于大海之深；依着你的肩膀，让我变得如此坚强；你唤醒了我，让我得以重生！）

我周围有太多这样的文科女，她们研究社会科学已感没戏，于是纷纷投身于伪科学星座学说，在这个领域她们个个身怀绝技，散发出生命的活力和对科研的极度热情。在她们的教唆下，我对星座伪科学也开始逐渐放松批判态度。用她们的行话，处女座是三大土象星座之一，守护星是水星，土象星座的最大特点就是脚踏实地，一丝不苟。和其他一辈子龇牙咧嘴抱怨没钱呀没妹纸呀的卢瑟哲学家相比，黑格尔同志不但结婚，还娶了一位小他20岁的娇妻玛丽，并一辈子对玛丽呵护体贴。在一群放浪形骸的哲学家中，黑格尔无疑是居家好男人，他家庭幸福，事业美满，有三个儿子。

处女座的优点是追求完美，缺点是过度追求完美。黑格尔同学一方面追求精神境界的完美，他创建了一个伟大的绝对精神体系，并宣布德国哲学在自己这里到达顶点，无人能超越。另一方面，他追求俗世生活的完美，他的理论为资产阶级革命开辟道路，可他自己又当普鲁士封建政府统治下柏林大学的校长，享受着荣华富贵。没出息的黑格尔曾对人炫耀道："我的尘世目的已达到，一官半职，一个美娇娘，人生至此，夫复何求？"过分追求完美必然导致纠结，黑格尔在俗世生活中很纠结，在形而上的学术研究中也很纠结，这纠结反映在黑格尔的哲学里就是其哲学体系和方法论的矛盾冲突。按照德国古典哲学的传统，每个哲学大牛都爱自创一套绝对真理来完成体系，并演绎论证其完美，黑格尔也未能免俗。然而黑格尔的方法论却是革命的辩证法，它直接告诉世人：一切事物都是暂时的，都具有运动的绝对性，一切现实都会丧失必然性和合理性。于是乎，貌似完美静止的体系和讲究生命不息运动不止的辩证法产生了冲突。狡黠市侩如黑格尔者很会和稀泥："凡是现实的都是合乎理性的，凡是合乎理性的都是现实的。"专制的普鲁士政府为此沾沾自喜，咱是现实又合乎理性的，殊不知黑格尔言外之意：凡是现存的，都是要走向灭亡的！歌德曾经在黑格尔评教授职称时帮助过黑格尔，两人关系不错。后人也总喜欢将黑格尔的《精神现象学》与歌德的《浮士德》相提并论，尽管这两部作品有着明显差异:《精神现象学》是一部用哲学语言概念化论述推演的哲学作品，《浮士德》是一部用文学语言直观形象描写出的文学作品，但浮士德在无尽的世界里漫游探索着人生意义与绝对精神在世界的探险旅行必然实现着自身有着异曲同工之妙。黑格尔哲学的核心概念就是"绝对精神"，绝对精神指的是宇宙的本质与理性的绝对形式，是贯穿于世界万物的规律。也就是说，绝对精神是一切事物的起源，要想说明世上万物就绕不过绝对精神。

　　绝对精神在宇宙中的探索漫游经历了三个阶段：逻辑阶段、自然阶段和精神阶段。与此相对应，黑格尔的哲学体系也包括三部分：逻辑学、自然哲学和精神哲学。逻辑学由存在论、本质论和概念论三部分构成。自然哲学和精神哲学都属于逻辑学的展开，因此又叫应用逻辑学。自然哲学研究自然，精神哲学研究人和社会。自然和人都是逻辑学"外化"而成的哲

黑格尔

G.W.F.Hegel（1770–1831）

学，自然哲学包括了物理学、生物学和化学。精神哲学分为主观精神、客观精神和绝对精神：主观精神分为人类学、精神现象学和心理学；客观精神包含法哲学和历史哲学；而绝对精神是一个纯粹精神领域，它既主观又客观，它是艺术哲学、宗教哲学和哲学史。黑格尔认为自己的哲学是绝对精神的结束，他把握了绝对真理，他是世间万物的终结者，是上帝的自我意识。至此，黑格尔完成了他的哲学体系，体系却又不幸地沦为模式。

黑格尔的哲学体系就是一个圆圈圈，是以自我意识为起点，经过三个阶段，回归于绝对精神。是"精神超出自我，分裂自我，异化自我，同时又回到自我"的一个过程。在这个过程中，精神以逻辑为原则，以对立统一为动力，循环往复，自然、人、社会、国家、法在循环中产生，世界万物的丰富性在循环中展现。黑格尔说这个先于自然界和人类社会而独自存在的绝对精神就是上帝。黑格尔本人并不是基督教哲学家，他早期的著作里也不时地批判基督教，那为什么黑格尔要把绝对精神说成是上帝呢？其实，"上帝"一词内涵丰富，很多哲学家都将自己哲学的核心概念归结到上帝，比如说，斯宾诺莎就曾说"实体即上帝"，但这个"上帝"却并非基督教中的上帝，而这些哲学家也不是传统的教徒和上帝论者。

黑格尔之所以将绝对精神归结为上帝，除了可以使绝对精神拥有至高无上的地位外，还因为这个"上帝"可以保护黑格尔免受迫害。尽管人们赞美黑格尔是哲学大神，但大神背后也"拖着一根庸人的辫子"。为求自保，黑格尔不得不将自己哲学的革命意义深深掩藏在"上帝"的废墟中。

在黑格尔看来，逻辑是存在的基础，精神是万物，因此思维的规律和实在的规律不可分割。然而建立在矛盾律基础上的传统逻辑只适合日常生活和科学，却并不适合哲学思考。哲学要达到更高的真理，需要包纳不断变动的全部实在，于是黑格尔提出了新的方法论：概念辩证法。这种辩证法类似于植物从种子到果实再到种子这样一个发展过程。即命题＋反命题＝合题。虽然赫拉克利特也曾这样提过，但黑格尔明确指出合题不是对命题和反命题的简单克服，而是对它们的扬弃。在康德看来曾是真理守护神的矛盾，在黑格尔那里开始居于事物的中心，黑格尔第一次把整个自然的历史和精神的世界描写成一个不断运动、变化和发展的过程。

阅读黑格尔与康德的哲学，人们都会产生"蜀道难，难于上青天"之感。黑格尔将康德创立的德国古典哲学推至顶峰，他本人也成为德国古典哲学的集大成者。所谓"古典"，本是形容建筑物庄严豪华、雄伟瑰丽，而德国哲学也有此特点。黑格尔的世界是一个理性统治并支配着一切的世界，历史偶然性事件、个体主观性动机背后都有一种必然性在起作用。历史变迁犹如不死鸟，不死鸟在柴堆里焚烧死了自己，却又在灰烬中孕育出一个活泼崭新的生命。黑格尔极为崇拜拿破仑，他讴歌拿破仑是"骑在马背上的世界精神"，英雄有时的所作所为很难为普通民众所能理解，他们的一生也大都寂寞孤独。这是因为英雄最接近绝对精神。黑格尔又说"仆人眼里无英雄"，仆人每天伺候英雄吃喝拉撒，他眼中全是英雄不为人知的一面和瑕疵，英雄的光晕也迅速黯淡。

自以为是的处女座黑格尔看不起东方社会和东方哲学，他说"中国无历史"，有的不过是君主覆灭的重复循环，任何进步都无法从中产生。他认为中国和印度的哲学不过是枯燥的理智。他尤其看不起孔子，认为《论语》不过是孔子给弟子们普及一些常识道德，孔子是一位讲究实际的世间智者，他没什么思辨哲学，有的不过是一些老练善良的道德教训罢了。他还大放厥词：中国人的语言——汉语，根本不适合哲学思辨。这一批评彻底惹毛了一位清华男同学，偏巧这位清华男青年也伶牙俐齿舌灿莲花，他撰文驳斥："黑格尔尝鄙薄吾国语文，以为不宜思辨；又自夸德语能冥契道妙，举'奥付赫变'为例，以相反两意融会于一字，拉丁文中亦无意蕴深富尔许者。其不知汉语，不必责也；无知而掉以轻心，发为高论，又老师巨子之常态惯技，无足怪也；然而遂使东西海之名理同者如南北海之马牛风，则不得不为承学之士惜之。"这位清华男生就是钱锺书。其实黑格尔这次的批评相当草率且很不负责任，"奥付赫变"一词德文是"aufheben"，其在德语中的意思是对旧事物的批判和继承，并把它发展到新的阶段。这一极具思辨意味的词语的中文翻译是"扬弃"，想想农民碾麦子扬场的动作，你就会会心一笑，这个词译得不仅信达雅且形神兼备，并且相当思辨。有舍才有得，先扬才能弃，其实中文里这样讲究思辨的词汇很是丰富，黑格尔这厮估计没通过汉语四六级。

处女座的挑剔人神共愤，在柏林大学任职期间，黑格尔和教授同人们经常发生口角，几乎要君子动口又动手，黑格尔骂一位逻辑学同事上课"绝对浅薄，愚钝，平庸，没有任何关联的凡人讲台之草，只能在消化时刻显出一颗平头"。可惜，道高一尺魔高一丈，不是不报时候未到，黑格尔后来遭遇了极具骂街天赋的叔本华，从此甘拜下风。叔本华骂黑格尔"平庸，令人厌恶，一无所知的江湖骗子，傲慢，疯癫，爱胡说八道"。叔本华的骂人词汇相当丰富且从不重复，从学术攻击直接发展到人身攻击："黑格尔是个可怜的精神怪物，长着一副啤酒店老板的模样。"叔本华估计和啤酒店老板也吵过架。

黑格尔名言："哲学就是哲学史！"哲学流派不同，观点自是迥异。这就是为何在自然哲学大师罗素的《西方哲学史》里，黑格尔根本不是男主角。罗素在《西方哲学史》里曾批评黑格尔："如果承认黑格尔的国家学说，那么凡是可能想象到的一切国内暴政和一切对外侵略都有了借口。"如果让黑格尔的死对头——骂街大仙唯意志论大师叔本华写哲学史，那么黑格尔的哲学估计就是一坨无机物残渣；在美国人梯利的《西方哲学史》里面，康德的思想独占 篇，而黑格尔不过跑跑龙套，内容仅占一篇里的某个小章，上镜率极低。当然，你若翻翻中国人编的哲学史，由于马克思同学的原因，黑格尔的哲学会占大量篇幅。

黑格尔和许多大师的命运一样：在世时，权倾一时，名声如日中天，然而一旦挂掉，诋毁非议立马冒出水面。当黑格尔大红大紫时，有一个大胡子青年正在仔细研读黑格尔的著作，他冷静理性，试图找出其理论破绽并撰文批判其学说的神秘主义方面。当黑格尔死后被昔日那群追随者当作一条"死狗"无情谩骂攻击时，那个大胡子青年却很厚道地站了出来，在公开场合不止一次声明：老子是黑格尔的学生！

这个青年的出现改变了世界的格局，改变了东方社会——中国的历史走向，更改变了中国一位普通女青年的人生选择。那个普通女青年正是我，那个大胡子男青年的名字叫作：卡尔·亨利希·马克思。

Karl Heinrich Mar

马克思
的灵魂

Karl Heinrich Marx
(1818–1883)

"全世界的男男女女们，不论愿意与否，甚至知道与否，他们今天在某种程度上都是马克思和马克思主义的继承人。"

——吉登斯

　　马克思如若活在当下，那一定是个超级有钱人。且不说版税拿到手软，就他随便状告几个出版社歪曲篡改侵犯版权，或者状告几个作者出版的书籍侵犯了名誉，估计精神损失费他老人家就能赚得钵满盆盈。可想象终归是想象，在现实生活中，马克思基本是穷死的，病了没钱看医生，死了没钱买棺材，孩子生7个夭折4个，一辈子穷酸落魄。马克思与恩格斯通信，聊世界历史聊工人运动，谈德国哲学谈人生理想，最后必然要笔锋一转：啊，亲爱的恩格斯，我最近预购××，请速寄××英镑。

　　多少次，有人问我："你为什么如此推崇马克思？"我反问："为什么不呢？"我知道，在他们先验地看来热爱马克思主义的女生要不就是戴着厚厚眼镜，穿着古板，不苟言笑，拿着教科书照本宣科的马列老太，要不就是一副没啥理论深度偏又信誓旦旦，爱共产主义爱人类解放的无知少女。可惜，我两者都不是。在这里我一并回答大家的提问：我爱马克思的理论，且爱得深沉！

　　于所有形形色色的理论中，我选择了他，并虔诚地皈依于他的门下，与沽名钓誉无关，与意识形态无关。不为升官发财，只因为，他的理论，让我充！满！力！量！一种喷薄欲出的力量！他的理论于近视的我恰似一副上等近视眼镜，戴上它就突然看懂了历史，看清了社会，看到了你脸上那细小的雀斑。此时此刻，他是我的英雄，我愿意单膝跪地亲吻他的手背：啊，请让我追随你，做你的门徒吧！

好，抒情到此结束，让我来告诉你一个真正的马克思。如果各位正在图书馆猛刷着 GPA，又或是整天泡妹翘课打 dota，那么没关系，这样也不会影响你以后成为像马克思一样的伟人。马克思在波恩大学念书时也曾有过一段放浪形骸、年少轻狂的幸福时光，他大部分时间被用来搞诗歌创作。如果按此情形发展下去，世界会多一个三流浪漫主义不靠谱诗人。还好，马克思他爹发现了问题的严重性，并及时建议马克思转学：从波恩大学转到了学风扎实的柏林大学。这一举动相当于散漫文科生从北大转学到清华，浪漫诗人开始决定退出诗坛，潜心研究哲学。

1835 年，大卫·施特劳斯发表《耶稣传》，黑格尔学派分裂为两派：老年黑格尔派顽固维护黑格尔的绝对精神体系，替宗教和普鲁士专制制度辩护，青年黑格尔派则企图从黑格尔的辩证法中得出无神论和革命的结论。那时，马克思加入青年黑格尔派并很迅速成为"博士俱乐部"的主要成员。很快，马克思意识到了黑格尔的不足：如果历史的发展就是上帝逐渐实现自我意识，是绝对精神的复归过程的话，那么所有实在无非是绝对精神的外化。可这也太神秘主义了，马克思认为哲学的出发点应该是具体的现实本身，哲学家不能从上帝的实在来解释现实。他提出："在真理的彼岸消失之后，历史的任务就是确立此岸的真理。"

1841 年，费尔巴哈发表《基督教的本质》，此书主要讲清了一个事实：上帝不过是人的内在本质的向外投射，说白了，上帝就是人。费尔巴哈唯物主义体系的出现对马克思影响很大，从马克思 1843 年发表的《黑格尔法哲学批判》中能深深感到其受费尔巴哈方法论的影响。从此，马克思开始将辩证法与唯物主义相结合，试图创建一个新的历史观。1845 年，马克思发表《关于费尔巴哈的提纲》，恩格斯称之为"包含着新世界观的天才萌芽的第一个文件"。

在我看来，马克思的伟大之处就在于，当所有的哲学家都在营营役役地建造自己的理论体系大厦时，马克思却告诉大家，从理论到理论，从体系出发解释现实，这都是徒劳的，是没有用的，"哲学家们只是用不同的方式解释世界，而问题在于改变世界"。马克思从来就不是一个纯粹的哲学家，他的理论从来都没有沿着哲学问题的传统思路，像其他哲学家那样用一种逻辑体系否定和批判另外一种逻辑体系，用一种哲学去化解另一种哲学危机。后世的哲学家如维特根斯坦，尽管也高嚷着"哲学的终结"，但他的语言哲学归根到底还是一个哲学问题和理论问题。只有，也仅有马克思一个人，将思路延伸到了哲学之外。哲学的危机不可能用哲学来解决，只有付诸实践才

马克思
Karl Heinrich Marx（1818–1883）

能最终解决危机。也正是因为这点，马克思为人诟病，称其算不上一位哲学家。马克思之前的哲学就好比一群深处高墙大院的人们在辩论，某一时间段里，路德维希的声音压住了托马斯的声音，下一个时间段里，弗里德里希的嗓门又高过了路德维希。他们每个人都身怀绝技，在这场辩论里使出浑身解数，试图压倒对方。可马克思的到来却打破了游戏规则，他告诉大家高墙内的争吵无济于事，我们应该把目光投向高墙外，高墙内的争端最终需要高墙外的实践来解决。哲学于马克思早已不再是一个理论的问题，而成为一个社会改造实践的现实政治问题。

1846 年，马克思发表《德意志意识形态》、1847 年《哲学的贫困》、1848 年《共产党宣言》、1849 年《雇佣劳动与资本》、1850 年《法兰西阶级斗争》、1852 年《路易·波拿巴的雾月十八日》……文艺哲学家马克思开始雄赳赳气昂昂地朝着实践哲学家的方向大步迈进。

1867 年，《资本论》发表。至此，马克思完成华丽的转身。

关于马克思主义，后人误解颇多，谤声载道，可这不怨马克思。倘若把你的思想断章取义教条化，你也会遭人厌。马克思被误解惯了，他和东邪黄药师一样没有出来解释。后者因为一身魏晋范儿，懒得向周遭小民解释；前者则因为死得早了，没来得及解释。关于共产主义，后世将它解读为桃花源、乌托邦，老师们会在课堂上告诉你当生产力发展到一定阶段，人的觉悟也提高到一定层次，共产主义就会实现。到那时，别墅一套居住一套养猪，面包吃一个扔一个。同学们无比兴奋，继而追问："老师，共产主义还有红绿灯么？共产主义还有社会矛盾么？共产主义可以共产妹纸不？"

关于什么是真正的共产主义，且听我慢慢道来："共产主义对我们来说，不是应当确立的状况，不是现实应当与之相适应的理想。我们所称为共产主义的是那种消灭现存状况的现实的运动。这个运动的条件是由现有的前提产生的。"简单地说，共产主义不是一个业已设定好的完美社会，然后大家一齐朝之迈进，如果真是那样，共产主义就是宗教，就是信仰，就是煽动，其影响也无异于太平天国的"大同社会"。真正的共产主义是一种现实的运动，它以消灭私有制为己任。关于私有制，卢梭在《论人类不平等的起源》一书中已经阐述得相当清楚。马克思也告诉大家，私有制造成了人的异化，资本横行，工人赤贫。而共产主义就是消灭私有制，实现私有财产，即人的自我异化的积极扬弃。它是一种运动，是一个过程，不是一个应当的目标！

真正掌握了马克思主义，它会帮你分析社会，认清现实。当满大街小白领节衣缩食，为买一个拼出来是"驴"的 LV 包时，马克思告诉你，这就是"异化"，是"alienation"，事物变成了外在的异己力量。人类创造了包，本为装东西，最终却沦为包的奴隶；一名美国名校毕业生从学校出来去华尔街工作，却发现加班到 11 点是常态，5 点下班是变态时，马克思告诉你，你创造的叫作剩余价值，它是你劳动创造出来却被资本家无偿占有的那部分价值；无论你加班费多高，年薪几十万 dollar，银行账户 1 后面 n 个零，你也永远是无产阶级。因为当你没有因为通过占有生产资料而无偿占有别人的劳动成果时，你永远都是无产阶级。当你辛苦加班出差，飞来飞去堪比空中小飞人，却发现如果不啃老还是买不起纽约的房，而翻手为云覆手为雨的房地产商可以一夜进账过亿时，马克思告诉你，什么是资本，什么是商业资本、金融资本，它的利润又是怎样得来的。

每个人从马克思那里解读出不同的东西，有人看到革命，有人看到阶级分析，有人看到唯物史观。于我，它告诉我什么是"人"，不是众哲学家笔下抽象的人，而是"现实的人"。任何人类历史的第一个前提都是有生命的个人的存在，而共产主义就是消灭人的异化，一个以各个人自由发展为一切人自由发展的条件的联合体。它是人向自身的复归！

一百多年前，马克思在《共产党宣言》里写道："一个幽灵，共产主义的幽灵，在欧洲大陆徘徊。"一百年后，德里达又在《马克思的幽灵》一书中疾呼："不能没有马克思，没有

马克思，没有对马克思的记忆，没有马克思的遗产，也就没有将来。"无论新兴起来的哲学多么时髦，但全世界的男女们，在某种意义上却都是马克思的继承人。

2001年，英国广播公司（BBC）举办千年思想家评选活动，在国际互联网上经过反复评选，最后的结果是：马克思排在第一位。如果马克思要发表获奖感言那一定是：感谢BBC，感谢我的老婆燕妮，感谢我的朋友恩格斯。马克思能成为马克思，燕妮和恩格斯功不可没：燕妮没有逼着马克思买房买车，实现男人的3个180，从而让他有精力并安贫乐道地做学问；恩格斯一辈子支持马克思，从精神到金钱。结交恩格斯这个朋友马克思真是赚大发了。中国古代讲究"管鲍之交"，马克思就是管仲，恩格斯无疑是鲍叔牙。

马克思一辈子没国籍：世界公民；马克思一辈子没正经工作：自由撰稿人且发表不了。可这却不影响他成为一个伟人，一个在书斋里改变世界的人。

《创世记》说：上帝说要有光，于是人间就有了光；

启蒙学者说：人类要用理性的光烛澄照愚痴混沌的天性，呈现出文明理智的教养和境界；

《希腊神话》说：普罗米修斯不畏宙斯的暴戾，盗天火照亮尘世；

马克思说：我就是普罗米修斯！

管鲍之交：马克思与恩格斯

如果说马克思是张扬洒脱文科男，那么恩格斯就是严谨收敛理工男。

马克思行文：文思如泉涌，肆意汪洋，洋洋洒洒，诗词典故信手拈来。

恩格斯行文：干净严谨，逻辑清晰，一是一二是二，丁是丁卯是卯，一板一眼，无可挑剔。

马克思的文章犹如热气沸腾重庆火锅，丰盛可口，辛辣扑鼻；恩格斯的文章则是温吞精致阳春面，简约舒服，沁人心脾。

张爱玲曾说过，《红楼梦》看到八十回后，一个个人物都语言无味，面目可憎起来。马、恩两人的才情虽不及曹雪芹、高鹗差距之大，但两者文章读多了，还是能够依着味道嗅出差距。所以，当有一天，我读恩格斯的《反杜林论》第二编第十章《批判史》时，突然心生诧异："咦，恩格斯怎么写得这么文艺又抒情？"回到序言一看，原来这章是马克思忍不住手痒，提笔捉刀了。

燕妮虽说非常支持马克思，但到底是贵族小姐出身，不会持家。马克思又没有正经工作，一家人日子过得捉襟见肘，入不敷出。恩格斯为了不让马克思为这些生活琐碎所羁绊，无奈之下，不惜身沾铜臭，重新当起了资本家，挣钱养活马克思一家。于是乎，在马、恩两人的鸿雁传信中，马克思经常严重感激恩格斯的牺牲，恩格斯又严重表示自己的惭愧，不能赚更多的钱使马克思没有后顾之忧。马克思和恩格斯合写了不少文章，可恩格斯总把自己放在一个很低的位置，自谦为"第二小提琴手"，从来不抢马克思任何风头。中国古代描写君子之交有：管鲍之交、杵臼之交、金兰之契、谊切苔岑，马克思与恩格斯完美诠释了这些成语。

若是德国也有个太史公，《马恩列传》想必会这么写：

> 马克思者，德意志人也。少常与恩格斯游，恩格斯仰其才。马克思常贫困，恩终济之，不以为言。

> 马克思曰："吾一生贫困，恩未嫌厌，知我无心名利也。恩敏而好学强闻博知，然，为吾而贾，吾心戚戚然。吾尝与恩撰文著作，恩甘名位吾后，淡然以二琴手自居，吾心常愧也。

> "生我者父母，知我者恩格斯也。"

恩格斯因为要赚钱养活马克思，时间精力受到限制，在著作数量上稍逊马克思，但他文章质量绝对不差。

读了恩格斯的《家庭、私有制和国家起源》，你知道了一夫一妻制实际上是私有制的产物："一夫一妻制是不以自然条件为基础，而以经济条件为基础。""它绝不是个人性爱的结果，是权衡利害的婚姻。"于是，你发现，在今天社会里，婚姻关系如此复杂，有了闪婚、隐婚、裸婚，因为资本，谈个恋爱都如此麻烦，于是有了那么多剩女剩男。爱情正悄悄异化着：本来是两位小年轻心生爱慕，相互拥个抱的简单事，现在也要"非诚勿扰"。恩格斯说过，工人阶级的爱情才是真正的爱情。不错，当爱情不需要房子车子票子所打扮时，她的真谛才释放出来。

读了恩格斯的《家庭、私有制和国家起源》，你知道了国家其实是阶级统治的工具。于是，你需要做个反思：什么是爱国主义？试想如果日本鬼子当年侵华成功，建立一个国家，叫你爱国，你爱么？你会斩钉截铁地否定。国家永远是阶级统治的工具，这就是为什么，法国的"五月风暴"中，那群聚集在广场的热血小青年，可能有的初衷也不过是烧烧包更新下状态发个微博，有的不过跟跟风扎堆斗个地主，结果被防暴警察给打伤了。

读了恩格斯的《反杜林论》，你知道了，道德永远是阶级的、历史的、社会的，永远不要抽象地谈论道德。当英国某个工厂的员工因不堪忍受劳动强度连续做着抛物体运动演示地球引力，世人大批特批工厂老板没有人性，工厂员工居住饮食条件猪狗不如时，你想过没有，这些老板可能都是含着一口高傲伦敦腔、温文尔雅，有教养的英国上流社会绅士，可当涉及阶级涉及利益，他们永远是资本的代言人，降低员工的居住饮食成本，他们才能获得更多的剩余价值。

因为《反杜林论》，"小悦悦事件"，你义愤填膺，但你永远不要再苍白无力地说："哎，世风日下，人心不古。"九斤老太一百年前就絮叨着："一代不如一代。"可如今，社会依旧纠结地向前发展着，将道德和世风人心联系到一起，你的解释永远软弱。你需要知道，道德不是抽象，道德是谁的道德？恩格斯在《路德维希·费尔巴哈和德国古典哲学的终结》里就已经批评过费尔巴哈的抽象人本主义，这世上没有"普世的爱"，没有所谓的"普世价值"。西方政府每天"自由"、"平等"挂在嘴边，可人家撬你国门时，永远目中无人，颐指气使。

总有人问我："要是马克思和恩格斯错了怎么办？"这个问题也曾经迷惑过我，要是马、恩真错了，那人类历史将面临灾难。但后来一想，这个问题其实很幼稚，因为这个问题又回到了《老宅男康德》篇里，关于理性主义和经验主义争吵一辈子没解决的难题："认识能反映客观现实么？"即如何证明马、恩对错？如果我们还是从理论出发推理演绎一番，那照样跳不出理性主义和经验主义的窠臼。理论能否反映现实，还是马克思说的："人的思维是否具有客观的真理性，这并不是一个理论的问题，而是一个实践的问题。关于离开实践的思维是否具有现实性的争论，是一个纯粹经院哲学的问题。"马克思主义曾经指导社会主义运动成功过，但也失败过，它的成功失败说明了社会主义之路的确道阻且长，溯游从之，目标依旧宛在水中央。

也总有人问我："为什么搞社会主义？人类历史奴隶社会代替原始社会，封建社会代替奴隶社会，资本主义代替封建主义都是随着社会条件的成熟，自发更替的。社会主义代替资本主义亦会如此，我们为什么还要人为地费这么大的力？"关于这个问题，其实马、恩二人在合著的《德意志意识形态》里有过论述："共产主义和所有过去的运动不同的地方在于：它推翻一切旧的生产关系和交往关系的基础，并且第一次自觉地把一切自发形成的前提看作是前人的创造，消除这些前提的自发性，使它们受联合起来的个人的支配。"说到底，在人们没有认清社会发展规律之前，社会形态更替可以自发，但当人们把握了这些规律，我们就要利用这个规律，变自发为自觉！

恩格斯的一生是潜伏的一生，一辈子潜伏在资本家的阵营里。恩格斯虽说出生在资本家家庭，后为接济马克思又干起了资本家的营生，但他却早已背叛自己的阶级，他此生最大的愿望就是：搞垮资本家！恩格斯的那些生意伙伴打死都想不到，这位头脑灵活，生意成功的大胡子，竟然是赫赫有名的全世界工人阶级领袖！

　　恩格斯早在写完《家庭、私有制和国家起源》后，就明确表示对资本主义虚伪法律规定的夫妻制度的厌恶，此生不婚。后来，恩格斯遇见爱尔兰女工人玛丽，恩格斯很喜欢这个出身凄苦的姑娘，并全力支持爱尔兰的民族解放事业，但到底两人没结婚。再后来，玛丽病逝，玛丽的妹妹莉希与恩格斯相爱，可惜莉希红颜薄命，临死时她想要个名分，恩格斯侠骨柔情不忍拒绝，答应了莉希，可怜的莉希在举行完婚礼数小时后，微笑着撒手人寰了。

　　恩格斯对马克思这个朋友相当仗义。马克思要是感激恩格斯，一定会说："唯将终夜长开眼，报答平生未展眉。"恩格斯在马克思活着时，从金钱到精神全方位支持马克思。在马克思去世后，恩格斯又停止自己手头上的一切工作，去整理出版马克思的《资本论》第二、第三卷。

　　今天，当曾经歃血为盟两肋插刀的朋友之情被解构成：朋友是用来被插两肋时，马、恩二人的友情，再次告诉你，世界上还有个词叫"兄弟"！

　　列宁说，马、恩二人的友谊超过人类历史上关于友谊的一切传说！

　　1895 年 8 月 5 日，恩格斯溘然长逝。他用自己的一生完美演绎了什么是："不自见故明，不自是故彰，不自伐故有

功，不自矜故长。夫唯不争，故天下莫能与之争。"他去世很

久很久以后，在中国，有位名为哲不解的女弟子，叹其德才，

填一阕《江城子》，以示倾慕：

　　　　高山流水诉流觞。知友情，万年长。资本出场，

　　挽手著文章。纵使后世人多谤，胸坦荡，真理扬。

　　　　一生襟抱藏他后。无艾伤，为卿狂。沧海巫山，

　　除却又何妨？满腹疏狂话沧桑，一瓢酒，泪千行。

Hannah Are

美女、才女、痴情女：
汉娜·阿伦特

Hannah Arendt
(1906–1975)

在写完几个哲学界大老爷们后，我决定写一位美女哲学家：汉娜·阿伦特。其实，以她在哲学史上的地位，无论如何也跻身不了我的"哲学十二钗"之正册，勉强能进个又副册。如果要写，也应先写她的师爷现象学大师胡塞尔，或是她的师父海德格尔和雅斯贝尔斯。可是，我还是让她第四位出场，没办法，我体内的雌性激素女性荷尔蒙此刻统统在作祟。鉴于题目太有噱头，为防止被攻击为标题党，也为了严格恪守"NO PP, NO TRUTH!（无图无真相）"的科学研究精神，现直接奉上她的侧面清晰无码照一枚。

倘若要给阿伦特的一生打出几个关键字，那将会是：政治哲学、《极权主义的起源》、《论革命》、极端的恶、平庸的恶、雅斯贝尔斯的学生、海德格尔的情人。周国平曾云："女人研究哲学，糟蹋哲学，更糟蹋女人。"汉娜·阿伦特显然是个例外。

汉娜·阿伦特，犹太人，出生在柯尼斯堡，老宅男康德的老乡。14岁时开始阅读康德的《纯粹理性批判》，17岁醉心于克尔凯郭尔的著作和神学研究。就在此时她接触到了海德格尔的思想，并大为所动，于是奔赴海堡大学，拜海德格尔为师。

这一决定，深深影响了她的一生。

汉娜·阿伦特在海堡大学学习时，因为面容姣好，打扮时尚，思想独特，加之她总喜欢穿一条绿色裙子，于是被同学们亲切地称为"绿衣人"。

《诗经·邶风·绿衣》：

绿兮衣兮，绿衣黄里。心之忧矣，曷维其已？绿
兮衣兮，绿衣黄裳。心之忧矣，曷维其亡？

这首《绿衣》一语成谶，汉娜·阿伦特这位绿衣佳人，一辈子心中之忧，愁肠百转却无法排解。遇见海德格尔时，她韶华正好，年方十八，曼妙娉婷；怪蜀黍（叔叔）海德格尔此时 35 岁，已是两个孩子的父亲，有个无比热爱纳粹的老婆。对于正在经历中年危机的海德格尔来说，汉娜的到来恰如一夜芙蕖，开过尚盈盈。而对于少女汉娜，海德格尔满足她对男人所有的幻想：偶像、爱人、父亲、欲偶、可谓一见海哥误终生。此时，她罗敷没夫，他使君有妇，此后的剧情，大家用脚趾都能猜到：又是一出八点档爱情家庭伦理剧。实践证明，哲学家偷情找小三和常人没什么区别，只不过手续更冗繁点：写情书要用专门设置的代码，约会有密码，门要敲三下灯要关两下，开窗表示安全闭窗表示危险。于汉娜而言，海德格尔吸引她的已不是魅力，是魔力！在这场关系中，她使出浑身解数配合他，随叫随到，毫无计较。

哲学女汉娜由此彻底沦为有胸无脑的汉娜。

在这里友情建议各位姐姐、妹妹、大婶、阿姨，如果你只

想做世间一低鬟浅笑眉梢弯弯的平凡女子，那么请千万绕过男哲学家。对于没事干就仰望星空关注内心道德律的男哲学家而言，他们是不会关心你饿了乎？饭了否？胖了瘦了？但如果你实在太仰慕他们的才华，那就嫁他们中的普通哲学家吧。比如黑格尔、费希特同学，讲完课拿完稿费就立马回家陪老婆；再不济你就嫁马克思同学，虽然不会赚钱有一个花两个，但他不会嫌你比他大四岁，且会为你款款演唱吴克群的歌曲《为你写诗》（马克思和燕妮异地恋时，几乎每天都会为燕妮写首诗）。总之，千万要绕过文艺哲学家，他们大多高富帅，有钱有调调又有 feel，爱你时尽管你侬我侬但他们也要控制全局，不爱时立刻弃如敝屣。当事业地位野心与爱情冲突时，他们会毫不犹豫地选择前者，古今中外，概莫能外。所以当后来他俩的关系遭到保守势力诘难时，为了似锦前程，海德格尔打发了汉娜："哦，汉娜，我给你在好友雅斯贝尔斯那里求得了一个 offer，你转学吧。"无可奈何下，汉娜·阿伦特遂转投海德堡雅斯贝尔斯门下。

1928 年 6 月，海德格尔《存在与时间》出版，这本以汉娜的激情为催化剂的著作大获成功，而海德格尔此时却以一封信打发了汉娜。关系终结时，汉娜给海德格尔写信诉衷肠："如果我失去了对你的爱，就失去了活着的权利……上帝保佑，我死后更加爱你。"失恋的汉娜犹感万蚁噬心痛苦难捱，

汉娜 · 阿伦特

Hannah Arendt（1906-1975)

好在她的闺蜜向她推荐了本心灵鸡汤——《拉赫尔·瓦伦哈根书信集》。拉赫尔是 19 世纪德国历史上赫赫有名的一位犹太女人，她既是哲学家又是文学家，也曾失恋数次，后投身于社会运动，成为柏林知识界的中心。汉娜从拉赫尔处汲取力量并克服失恋阴霾，开始作自我反思精神梳理：作为德国国家公民，怎样才能不背叛犹太教义？作为犹太女人，怎样才能不丧失自我又不丧失亲友？怎样才能从德国浪漫主义哲学中挣脱出来？汉娜的世界关了一扇窗，却开了一个门！

1933 年，阿道夫·希特勒被任命为德国总理。

同年，告诉大家"人，诗意地栖居"的海德格尔极不光彩地投靠纳粹，当选为弗赖堡大学校长并加入德国国家社会主义工人党。

同年，犹太人汉娜·阿伦特逃亡到法国。

从此，萧郎是路人。

1952 年，汉娜·阿伦特发表《极权主义的起源》，声名大噪。《极权主义的起源》有三部分：反犹主义、帝国主义、极权主义。主要回答三个问题：为什么不是韩国人或是爱斯基摩人偏偏是犹太人被列为纳粹大屠杀的对象？极权主义的起源是什么？极权主义发展的逻辑？在基督教意义上的反犹主义我在此不多讲。在民族国家意义上讲，犹太人漂泊无根没有政治共同体，当精明的他们以金融掮客的身份发挥影响力时，却从未培养起政治意识和参与意识，他们要么成为新贵要么成为贱民（反叛者，不是自觉地认同一个团体而是自觉地实践自由者如罗莎·卢森堡）。拥有财富而无政治行为能力成为犹太人在资本主义危机下被仇恨的主要原因。极权主义之所以能产生，在于资本扩张造成两个多余力量——多余资本和由破产贵族、农民失业工人组成的多余劳动力（暴民），这两者在国家的保护下，开始向海外殖民扩张。

所谓"极权主义"，不是大家理解的历史上不绝如缕的暴政或专制形式。汉娜从孟德斯鸠对政体定义的基本特征出发，概括了极权主义的基本特征——意识形态和恐怖。通过此二者的高度结合，极权主义实现了对人的自由的彻底根除和对人的全面统治。暴政专制通过暴力手段消除人的政治自由，而极权主义则通过不断的运动：大规模的群众动员和运动过程本身。

离开了胡兰成的张爱玲迅速地萎缩凋谢了，可离开海德格尔的阿伦特却迸发出研究热情，在政治哲学舞台上衣袂飘飘起来。1961年，纳粹头号战犯——欠下300万条人命的艾希曼被以色列特工抓获，并被送至耶路撒冷受审。汉娜·阿伦特以《纽约客》记者身份发表了《艾希曼在耶路撒冷——关于平庸的恶的报道》。在阿伦特看来，艾希曼是个"不肮脏具有良心的男子"。不错，在现实生活中，艾希曼可能是一个好老公、好父亲、好上司，他只是在执行由"国家理性"被正当化了的自己国家法律对他的要求，他的错误只是在于他不知道纳粹的法律是错误的。相对于奥斯维辛集中营的"极端的恶"，艾希曼是"平庸的恶"，一种完全没有思想、缺乏起码的思考力和判断力的恶。在《极权主义的起源》里，汉娜就提出了"极端的恶"（the radical evil），这个词其实来源于老宅男康德的"根本恶"，它不是指具体的多变态多极端的恶，而是一切恶之可能的根源和依据。康德讲究绝对道德，在他看来，如果要杀你朋友的杀手站在你家大门口敲门，而你朋友此刻正藏在你家衣柜，你要是向杀手撒谎你朋友不在你家，你都是在作恶。"极端的恶"有三个特征：无法惩罚，无法宽恕，无法预测。

如果艾希曼的例子你较为陌生，那我可以拿奥斯卡获奖影片《生死朗读》作案例分析。凯特·温斯莱特扮演的汉娜曾是纳粹统治下的一名集中营女看守，在转移犯人去奥斯维辛集中营受死时，关押犯人的教堂发生火灾，她没有打开狱门致使几乎全部的犹太人被烧死。战后，她坐上纳粹战犯审判法庭的被告席。她曾经美丽丰腴充满母性，她曾帮助生病的 15 岁少年并发展为秘密情人关系。可是，她有罪吗？如果有，那用什么罪名来惩罚她？汉娜·阿伦特告诉我们，她的罪名就是"平庸的恶"：一种对自己思想消除，对下达命令的无条件服从，对个人判断权利放弃的恶。

战后，当海德格尔因为和纳粹的关系四处遭受谴责鄙视痛斥时，汉娜·阿伦特于 1950 年回德国看望他，17 年后第二次握手，汉娜再次为他着魔。她从此为修复他的形象而四处奔走：亲自去耶鲁讲授海德格尔的哲学思想；积极推动他的著作在美国出版；替他的行为辩护；帮助已然潦倒的他拍卖《存在与时间》手稿；为了照顾海德格尔的情绪，她甚至放弃为雅斯贝尔斯致辞；她的《人的条件》出版时，她甚至小心翼翼地不想让海德格尔知道。她怕他受不了，受不了那个永远听他话的18 岁绿衣姑娘有一天也会成为名人并超越他。从 1967 年后，汉娜每年都要去看望海德格尔。

我曾经迷惑过，为嘛特立独行思想理性又深邃的哲学家汉娜·阿伦特面对爱情如此感性如此飞蛾扑火？海德格尔无论思想多集大成，可做的事实在太损人品，他和雅斯贝尔斯因为纳粹问题决裂；他甚至欺负自己的老师胡塞尔；他为了前程抛弃汉娜；为了荣华又转眼投靠纳粹，可痴情女汉娜却一直在原地始终对他不离不弃。倘若有一天，像我这样德、智、体、美、劳全面发展的社会主义优秀女接班人也会迷恋一猥琐男到五迷三道、七荤八素、上蹿下跳、鸡飞狗跳，你莫要惊讶！爱情这玩意儿，说白了是非理性，纯粹理性之外的东东。我们没法用理论分析个所以然，一切都在 chaos（混沌）状态下发生发展着。

也许有人会问，他俩这是爱情吗？我会告诉你：是的。不是 perhaps，maybe，是 abso~fucking~lutely 的爱情。可人类呀，为什么你们的爱情要如此复杂？要掺杂着嫉妒与猜疑；要你退我进，你前仰我匍匐；要像探戈一样只有在错步中才能交织出舞动与美感？当岁月与时光将一切野心、地位、名声、情欲荡涤干净，曾经的绿衣佳人曾经的风流才子早已鸡皮鹤发，浑浊不堪的眼睛却依然传递清澈见底的眼神，那就是：我懂你！

我懂你，懂你满腹的才华与傲人的哲学功底；

我懂你，懂你为了前程也曾将我轻抛弃；

我懂你，懂你也是凡夫俗子也会不光明磊落地向纳粹卑躬屈膝。

1975 年 12 月 4 日，汉娜·阿伦特，卒；

5 个月后，海德格尔，卒。

> 绿兮丝兮，汝所治兮。我思古人，俾无兮。兮
> 绤兮，凄其以风。我思古人，实获我心。

好一个"实获我心"！

一半天才，一半疯子：
尼采

Friedrich Wilhelm Nietzsche
(1844–1900)

　　所有通向哲学之路的人都要经过一座桥，这座桥的名字叫作伊曼纽尔·康德，这座桥通向了古典哲学。所有通向哲学之路的还要翻过一座山，这座山的名字叫作弗里德里希·威廉·尼采。翻过这座山，你就会邂逅现代主义或者后现代主义哲学。让我们先将镜头切换到1889年1月3日，意大利都灵街头。

　　一名车夫此刻正愤怒地挥舞着皮鞭，鞭笞着一匹老马。尼采突然闯入画面，他双臂紧紧拥抱着老马，泪如雨出。一番歇斯底里之后，他倒了下去。随后尼采被送往医院，被医生诊断为瘫痪性麻痹，精神分裂。这位叫嚣着"上帝死了"的哲学家自己先疯了。

　　20世纪80年代，因为某个学生运动的失败，热血小青年们逐渐放弃对马克思主义的信仰，而尼采、弗洛伊德等逐渐成为新宠。那个年代的小青年们装酷之必备武器：大喇叭裤、蛤蟆镜、尼采的书。他们逢人便显摆：早！大爷您读过尼采的书吗？哎哟喂，真是忒爽了，尼采说见女人要带上鞭子呢！

　　如果你没读过尼采的《查拉图斯特拉如是说》，那你也一定听过书中尼采借老妇之嘴说出的一句名言："是去找女人吗？别忘了带上你的鞭子"。此话一出，各国家各民族各地区的妇联组织女生协会女权主义者勃然大怒："丫丫地呸！就凭你还抢鞭子。"尼采为自己的大嘴巴付出了惨烈的代价。一直以来，人们认为没事干边诅咒上帝边鄙视女性的尼采是个自负的家伙。殊不知，这世上和"自负"如影随形时刻准备着与子偕臧的就是"自卑"。我们要是弗洛伊德一般分析下尼采生平，你就会发现尼采这娃儿小时候爹死得太早，一直混迹在由祖母、母亲、妹妹组成的女生宿舍，对于女人，他敏感、自卑又羞涩，年轻时的他也曾热情追逐过几位姑娘，可惜全部未遂。之后，尼采的著作中诋毁女性的句子就层出不穷。对此，花花公子罗素在他的《西方哲学史》中一语道破真谛："十个女人有九个会让尼采丢掉鞭子。他是明知如此，所以才要避开女人呀！"

和"混世魔王"马克思一样，尼采生命中也有两个重要的人：叔本华和瓦格纳。可人家马克思与燕妮、恩格斯恩爱了一辈子，而尼采却与叔本华、瓦格纳从开始的恩爱走向了后来的恩断义绝。1865 年，青年尼采在旧书店淘了一本书——叔本华的《作为意志和表象的世界》。唯意志论大师叔本华在此书中告诉大家，世界分为两类：表象和意志。表象只不过是世界的表面，而世界最内在最本质的核心是意志。意志是世界的物自体，而生命、可见的世界、现象只不过是意志的镜子。正是意志构成了包括人在内的世界万事万物的基础和本质，对人而言，人的行为受生存意志所支配，有意志就有欲望，有欲望就会有失望，痛苦由此产生。叔本华悲观地总结："痛苦对生命来说是本质的，所有生命就是痛苦，每一部生命史就是痛苦史。"忧郁气质尼采遇见悲观主义叔本华，完全是绿豆看蛤蟆——对上眼了。从此，尼采开始站在叔本华的肩膀上开启自己的哲学之路。

　　1868 年，24 岁的尼采与 54 岁的音乐大师瓦格纳人生若只如初见。瓦格纳当时已是德国音乐界乃至思想界的大师，他用音乐来诠释叔本华的哲学，赋予音乐思想性和哲学意味。瓦格纳综合浪漫主义幻想、宗教思想、民族观念，并用特殊的和声与配乐表现手法独创一种新的音乐形式"乐剧"。此君当时在巴伐利亚开个音乐会，其轰动效果就好比今儿个王菲在工体，周杰伦在小巨蛋开演唱会——一票难求！粉丝尼采遇见偶像瓦格纳，内心狂喜，他写信道："我发现了一个人，他感动着我，他是天才。"瓦格纳也相当欣赏这个有思想的小朋友。可惜多年后，尼采反对基督教，而瓦格纳却越来越对宗教仪式感兴趣，思想逐渐被基督教所占据。歌剧《尼伯龙根的指环》之后，尼采表现出强烈失望。两个人的关系因为小三上帝的插足不得不宣告结束。正可谓靡不有初，鲜克有终！

　　在和瓦格纳相处的蜜月期，尼采出版了第一本哲学著作《悲剧的诞生》。这本书我客观地讲思想性不见得能排第一，但美学价值独一无二。尼采在书中表达了这样一种观念：希腊艺术是在日神阿波罗（Apollo）和酒神狄奥尼索斯（Dionysus）这两种精神的相互激荡中产生。日神阿波罗代表着光明和理性，希腊人崇拜日神于是有了阿波罗艺术（史诗、雕刻、绘画）；而酒神狄奥尼索斯狂醉之后将内心深处隐藏着的强烈生

Friedrich Wilhelm Nietzsche

尼 采

Friedrich Wilhelm Nietzsche（1844—1900）

命力爆发出来，激起希腊人奔放又波涛汹涌的生命欲望，于是他们引吭高歌载歌载舞，形成狄奥尼索斯艺术（音乐、舞蹈）。而古希腊艺术智慧的最大成就——希腊悲剧就是在日神和酒神这两种精神的相互作用相互冲击下产生。希腊悲剧最初采用人头羊头神合唱的形式。在这一过程中，人们踏着音乐的节拍，手舞足蹈。狄奥尼索斯的狂欢诱发阿波罗的幻想，希腊人爆发出生命欲望创作冲动。而这正是希腊悲剧精神的精华！尼采在书中还猛烈抨击苏格拉底，认为苏格拉底只是"在象牙塔上建造概念"，他没有悲剧精神，不了解希腊诗歌，只不过对荷马史诗中那浅薄的理论有所掌握。苏格拉底之后，希腊那种大刀阔斧开天辟地的创作精神消失了，哲学衰落，艺术暗淡，只剩下庸俗浅薄的喜剧供人享乐。

　　1882年，尼采展开人生第四次也是最后一次追求姑娘：他对俄国姑娘莎乐美情不自禁，很快坠入情网！莎乐美是欧洲文化史上的名媛，她才貌双全，和尼采、里尔克、弗洛伊德关系都非同一般，她的追求者都能有一个加强连。正可谓自古英雄难过美人关，尼采跌跌撞撞拜倒在莎美人的裙子下，可文学女青年莎乐美只爱慕尼采的才华，却不爱慕他本人。尼采一封封求爱信换来莎乐美一次次写拒信。在爱情里，尼采卑微如乞丐和流浪儿，最后一次被拒后，尼采心灰意冷，看破红尘，成为背包客开始行走天涯！还好，尼采没变成徐霞客时时更新微博:"哥在华山之巅,哥在南海之滨!"时刻准备着为祖国地理事业奉献光和热。背包客尼采吸天地之灵气,沐日月之光华,进入了他一生创作的巅峰《查拉图斯特拉如是说》。

　　如果你热爱哲学,可又嫌弃它深刻晦涩三天翻不了两页,那么我建议你一定要先看《查拉图斯特拉如是说》,这本书会彻底颠覆你对哲学的偏见。这本书与其说是哲学书不如说是哲学诗,它没有令人窒息的教条,呆板停滞的体系。阅读它,你会感到泉水跃动成洪流奔驰着,时而热情跳跃,时而变幻无穷。书中尼采借袄教教主查拉图斯特拉来宣说自己的思想,其中最著名的便是"上帝死了""强力意志"和"永恒轮回"。全书除"序言"外,由四部分组成。第一部分第一篇尼采提出了"精神三变":"由精神变为骆驼,由骆驼变为狮子,最后由狮子变为婴儿。"骆驼的吃苦耐劳隐忍负重代表着精神对理想的敬畏;凶狠的狮子代表了信仰的破灭、虚无和自由精神的时代;而婴儿代表着对虚无的战胜,对生命以及人类天真纯洁的肯定,一个崭新时代的到来。关于"上帝死了",尼采编了两个故事:上帝因怜悯而窒息身亡,上帝因嫉妒而笑死。基督教自文艺复兴以来濒临解体,尼采认为上帝只是个假设,对于宗教所倡导的拯救和赎罪纯粹是人类精力的白白耗费。上帝死后人类应进行"一切价值重估"。尼采杀死上帝其实是为了抬出他的"超人哲学",追求超人来代替对上帝的膜拜。超人不是人们理解的对拿破仑对恺撒搞英雄崇拜，超人是一种不断超越自我的人生观，即"人的伟大之处在于他是一座桥梁而不是一个终点"。尼采的超人是古希腊悲剧中的英雄，披荆斩棘，是虽千万人吾往矣的死士精神！

其实，当资本主义社会遭遇文明危机，马克思和尼采分别指出了两条普救众生之道。马克思告诉大家，你之所以被异化是因为私有制是因为分工，只有消灭资本主义制度本身才能实现自由人的联合体才能实现人的真正意义上的解放。而尼采会告诉你："上帝死了"，我们要"重估一切价值"。他诉诸人的心灵和意志，试图用"精神革命"来解决普遍的危机。我可以举个简单例子帮助大家消化二者的区别：假如你最近正在失恋33 天又假如你正被期末论文逼得想自杀，自杀前你碰巧翻了一本马克思的书，马克思语重心长地告诉你："人的本质不是单个人的抽象物，就其现实性来说，是全部社会关系的总和。"你瞬时顿悟你想自杀的原因：你的社会关系被扭曲被遮蔽了！于是你放下屠刀，立刻变为无产阶级美少年美少女战士！当然，如果你自杀前悲催地翻了一本叔本华的书，那抱歉，此刻你已经自杀成功了，这就是受叔本华悲观主义哲学的影响。王国维、老舍等在遇到挫折时不约而同选择跳湖。最后，如果你自杀前翻了一本尼采的书，尼采会告诉你："人生就是一出华丽丽的埃斯库罗斯的悲剧，而强力意志就是生命力！要战斗，要权力！超人是大地之意义！"你于是醍醐灌顶放弃自杀，红内裤外穿准备装奥特曼。

马克思会呐喊："全世界无产者联合起来！"而尼采会咆哮："全世界小强们联合起来！"

马克思·韦伯曾说过："判断当代的一个学者是否诚实，只要看他对待马克思和尼采的态度就够了。"我是马克思的追随者，可我也爱尼采，爱这个戴着眼镜，形容枯槁，一辈子被眼疾、胃病、神经衰弱折磨得死去活来却仍能提出超人哲学的瘦弱男子。1900年，发疯后11年的尼采永远闭上了眼睛，而他的思想却被有野心的反犹主义妹妹伊丽莎白大肆兜售给纳粹，希特勒后将《尼采全集》作为生日礼物送给墨索里尼，尼采的强力意志超人理论被纳粹片面吸收并用于战争。尼采的哲学深深影响了一群人：哲学家雅斯贝尔斯、海德格尔、萨特、加缪、德里达；文学家托马斯·曼、黑塞、茨威格、萧伯纳；中国的梁启超、鲁迅、陈独秀……名单我可以继续列下去，可尼采之后再无尼采！

今天，当骑着瘦弱老马混江湖的骑士堂吉诃德被嘲笑为奇葩二傻子，当那些伟大的精神和意志却如同小美人鱼般被名叫实用主义的老巫婆消解为泡沫，你就不会再追着问我为嘛这个时代鲜有大家，不遇大师了。

这是一个最好的时代。可偏巧，它又最坏！

Baruch de Spinoza

磨镜片的
斯宾诺莎

Baruch de Spinoza

(1632–1677)

11岁，我上初一。那时班上的女孩们流行左手琼瑶右手亦舒，边抹鼻涕边擦泪。我为了显示自己做人很有格调，就左手《诺贝尔文学奖全集》（上），右手《诺贝尔文学奖全集》（下）。可惜的是，第一篇就因为意识流太多而看不懂。过！直接翻到最后一篇，美国作家辛格的《市场街的斯宾诺莎》，还好这回看懂了：居住在市场街道嘈杂环境中的菲谢尔森博士潜心研究斯宾诺莎的《伦理学》，他克制住七情六欲，只为追求更高层次的精神之乐。然而随着年龄的增大，他肉体衰老，病痛缠身，好在这时又黑又瘦的老姑娘多比闯入他的生活，悉心照顾陪伴他，使他第一次感觉俗世生活原也这般美好。洞房之夜，两位大龄老青年初试云雨，菲谢尔森博士激动不已，他喃喃而语："啊，神圣的斯宾诺莎，宽恕我吧，我变成一个傻瓜啦！"辛格通过此文讽刺了斯宾诺莎的禁欲主义，并试图深层次探讨精神与肉体与生俱来的依存和矛盾：精神追求永恒的纯粹之美，而肉体追求短暂的感官之乐。

于是，11岁，在我思维抽象地把握哲学家斯宾诺莎之前，我先感性具体地认识了老处男斯宾诺莎。

不错，哲学家大多是怪咖，斯宾诺莎是哲学家中的哲学家，怪咖中的战斗机！此君就是一升级版康德：康德再宅，每天下午四点都要按时散步，完成光合作用。可斯宾诺莎能囤几大筐土豆宅三个月不出门，前一次出门街上的姑娘们还穿秋裤，下一次出门花花姑娘们都纷纷露大腿了；人家康德清高，可是也会在早期论文《自然通史和天体论》的扉页殷勤地写下"献给弗里德里希王子"。而斯宾诺莎不一样，土豆都快买不起了，法国国王路易十四许诺只要他在著作上写下"献给法王路易十四"就送他一大包金子，可斯宾诺莎毅然拒了法王的金子选择了喝西北风；康德一辈子宅在柯尼斯堡学习，学什么？学哲学！可斯宾诺莎一辈子宅在屋里玩耍，玩什么？玩哲学玩镜片！康德是学霸，而斯宾诺莎是神！

斯宾诺莎出生在 17 世纪的尼德兰。关于尼德兰，我们在高中历史课本里都晓得，这个在荷兰语中本是"低地"的地方，爆发了人类历史上第一场资产阶级革命。尼德兰此时商业发达，政治相对自由，这为日后斯宾诺莎进步思想的产生提供了一个温和的环境。斯宾诺莎一家是犹太人，犹太这个民族自古命运多舛，在历史上他们像老鼠一样被赶来赶去，永远都是寒酸的寄居者：公元前 586 年巴比伦国王尼布甲尼率军征服犹太王国，失去家园故土的犹太人沦为"巴比伦之囚"，开始圣经时代最著名的一次流亡。到了公元前 63 年，庞培指挥的罗马帝国一骑铁骑踏平耶路撒冷，顺便将人家的圣殿付之一炬，可怜的犹太人反抗无果后不得不再次流亡。斯宾诺莎的祖辈是为了避免西班牙人的宗教迫害而逃亡到荷兰的，到了斯宾诺莎他爹老斯宾诺莎这里，他们一家已经在荷兰犹太人圈子里很有钱有名望了。

斯宾诺莎在学生时代就表现出天赋异禀的高级智商，当地犹太拉比们也觉得斯宾诺莎这个后生孺子可教，将他看成希望，夸他为"希伯来之光"。对此，斯宾诺莎他爹老斯宾诺莎感到十分欣慰：以后让娃儿考个商学院读个 MBA，子承父业扩大家族产业；或者考个神学院当个拉比，也能光个宗耀个祖。可惜，事与愿违，本能按既定路线轻松成为高富帅的斯宾诺莎硬是选择了坐哲学的冷板凳，并在哲学这条路上一溜儿走到了黑。

年轻的斯宾诺莎一到晚上就偷偷在寝室点着蜡烛看禁书：被宗教裁判所用火烧死的布鲁诺的书、笛卡尔的书。人越有知识越反动，果不其然，斯宾诺莎对犹太教越来越怀疑，并且到处宣扬以下言论：灵魂不可能不灭，灵魂就是呼吸，呼吸停止灵魂就消失；世界上没有天使，天使是幻影；上帝不是主宰而是有广延的存在。斯宾诺莎的言论被犹太教视为"异端邪说"，犹太教立刻组织人马研究招数对付他。第一招"威胁恐吓"：你要是再乱说话就把你关进监狱！斯宾诺莎一听心花怒放：关就关，反正在哪都是宅着，而且还管饭，赶紧关！第二招"重金收买"：大哥，你怀疑就怀疑，但别四处乱说，只要你肯吃"消言药"我们就给你封口费。斯宾诺莎对此很不屑：就我这消费能力，你给我钱我还不会花。第三招"驱逐出教"：我

斯宾诺莎

Baruch de Spinoza（1632–1677）

们要开除你的犹太教籍，禁止任何人和你发生来往！斯宾诺莎一脸平静：Whatever! 第四招"杀人灭口"：犹太教派出杀手刺杀斯宾诺莎，可惜杀手武器使用不够熟练，加之斯宾诺莎长期挨饿节食，身形敏捷躲闪够快，刀子只是微微擦伤了脖子。

你若研究过欧洲宗教史，就会发现它简直就是一部cult-movie，B级片，血腥暴力镜头不断。比方说有个叫塞尔维特的西班牙医生一不小心发现了人体血液循环，并指出生命的精气在于物质，精气来源于左心房。于是他严重挑衅了上帝的至高无上性，当时的加尔文教便立即对他痛下追杀令。可怜的塞尔维特逃窜了半天甚至上演了西班牙版《越狱》，可惜到最后还是落入魔爪，被宗教裁判所火刑伺候，还是文火！最后，这位可怜的医生向我们展示了什么叫真正意义上"外焦里嫩，挫骨扬灰"。相对于加尔文教的暴戾恣睢，犹太教内部稍微温和点。他们对斯宾诺莎的除教仪式邪恶又幼稚：大号奏响，哭声悲恸，蜡烛火炬一盏盏被扑灭，犹太拉比上前致辞："遵照天使和圣徒们的审判，我们咒逐、孤立、憎恨、咒骂巴鲁赫·德·斯宾诺莎……白天他被诅咒、夜里他被诅咒、出门时他被诅咒、回来时他被诅咒、躺下他被诅咒、起身他也被诅咒……任何人不得和他说话交往，不得与他同在两米之内。"

可怜的斯宾诺莎，从此和犹太教一刀两断。

后世曾有人将斯宾诺莎的思想总结为"无神论"，其实斯宾诺莎的思想是"泛神论"，他的"神"不是宗教意义上人格化的具有无限能力的全能的神，而是"实体"，是自然，所谓的"实体"就是在自身内部并且只有通过自身而被认识的东西，实体独立无限并以自己为原因。说白了，斯宾诺莎的神是一个绝对无限的必然存在。这个神不能被任何别的东西所产生，它的本质必然包含着存在。用最通俗易懂的话总结一下就是：首先，斯宾诺莎的神不依赖人的意识而独立存在；其次，神自己就是自己存在的原因，任何他物不能成为神的原因；最后，这个神无意志无理智，神没有目的，神的活动是出于本性的必然。

考察一下斯宾诺莎生活的时代，我们就能找到斯宾诺莎的这个"神"如何而来了。那个时候，哥伦布探索到了新大陆，哥白尼提出了"日心说"，宇宙如此奥妙，教会此时的腐朽教条解释不清，又仓皇掩饰以势压人，此时，一种关于自然的崭新的观念呼之欲出。于是有了斯宾诺莎充满活力，壮丽，富有诗意的"神即自然"。

于是大家可以理解为什么斯宾诺莎论证"神"却又为何不遭教会待见了。因为这个"神"其实是个自然的"实体"，斯宾诺莎之所以给这个"实体"起个"神"的名字，也正是为了最大限度保护自己免受宗教裁判所迫害。在斯宾诺莎那里，"神"构成了世界的本质，神这个纯粹的实体是一个本体概念，竟然还有着唯物主义的味道。如此一来，斯宾诺莎无限地抬高了自然的实体"神"，却贬低了宗教的神，无怪乎他要惨遭教会清理门户了。

被驱逐出教后，斯宾诺莎搬出阿姆斯特丹，找了个郊区住下，开始以磨镜片为生。他打磨的镜片主要用于望远镜和显微镜。大神就是大神，思维抽象的哲学玩得来，细致精准的镜片也上手快。通过磨镜片，斯宾诺莎还结识了大科学家惠更斯。中国古代的隐士们追求"梅妻鹤子"的高雅生活，对于斯宾诺莎，哲学和科学就是大老婆和小老婆，他坐享齐人之福。

斯宾诺莎生前只出版了两本书，其中一本是匿名出版的《神学政治论》，他用形而上学原理来解释宗教和政治问题，批判了神学家们对《圣经》的歪曲和蓄意改造。斯宾诺莎对《圣经》的重新考察不在于反对《圣经》本身，他的目的在于破除人们对《圣经》的盲目崇拜，鼓励人们去追求自己的自由：言论自由、信仰自由。

斯宾诺莎的代表作《伦理学》是他死后出版的，这本书对后世影响颇大：因为这是一本用欧几里得几何定理写成的哲学书。在那个年代为了追求哲学的准确无误，哲学家喜欢用数学的方式来阐述自身。这本用公理、定义、定理和证明写成的哲学著作让人读来疲惫至极，可又感叹杂乱无章的世界可以在斯宾诺莎的笔下归结为统一和秩序。《伦理学》由五部分组成：

一论神；二论心灵的性质和起源；三论情感的起源和性质；四论人的奴役或情感的力量；五论理智的力量或人的自由。第一部分构成斯宾诺莎哲学体系的本体论（即研究存在问题），第二部分构成体系是认识论（即研究认识的来源、本性、可靠性问题），第三、第四、第五部分构成体系的伦理学。在斯宾诺莎看来，人要实现自由和幸福就必须了解自然，在自然中获得知识。他第一次将自由和知识联系在一起并指出自由是对必然的认识。斯宾诺莎的哲学体系是一个以认识神、认识自然为开始，以爱神、爱自然从而达到人的最高幸福为目的，从本体论到伦理学的严密的形而上学体系。可以说，斯宾诺莎的哲学正是为了肯定人在自然中的地位，追求人的心灵与自然一致的知识，使人们在求真中达到至善。

我们看到，斯宾诺莎哲学的特点就是他把所有的认识对象都放置在体系中加以分析研究，他要在永恒的形式下去认识事物。当斯宾诺莎的前辈笛卡尔从心灵出发时，他却选择了从神这种神圣事物出发的哲学认识方式。整个宇宙在斯宾诺莎那里是一个由所有存在物构成的有机体，每个事物尽管性质多样，变化不断，但都属于体系的一个部分并服从自然规律和法则。

如果说中国文化的源头是儒家精神和道家精神，那么西方文化的源头就是"两希精神"：希腊精神和希伯来精神。希腊精神注重理性"逻各斯"，理想的人都是理性的人，希腊精神滋生了西方世界的艺术与科学；而希伯来文明注重超然性和献身性，强调信仰和拯救，他们理想的人都是信仰的人，希伯来文明缔造了西方的宗教和道德伦理。斯宾诺莎的哲学体系正是这两种文明交织的综合：它一方面注重自然，强调知识和人类的理性认识；另一方面又强调神与人的关系，呼吁人"对神的理智的爱"。斯宾诺莎一辈子的哲学关注点都围绕着神、人、人的自由和幸福问题。他研究何为人类真正的幸福和自由；自由和幸福的基础是什么；他试图寻求人类通向真正自由和幸福的道路，并找到自由和幸福的保障。今天，你可以批评斯宾诺莎的形而上学有缺憾，神学也含含糊糊，但你不得不佩服这个苦行僧著作中显示出来那无限信任人类至善的道德境界，那公正廉洁的精神，那没有任何利己之心的灵魂。

斯宾诺莎是哲学家中唯一一个学术和做人完全一致的人：姐姐为争财产将他告上法庭，最后他赢了官司但还是将财产送给姐姐；世人为他的泛神论谩骂误解他，犹太教驱逐迫害他，可他永远以"爱"去回报世人以德服人；他吃着寒酸的食物穿着简朴的衣服，生活最大的奢侈也不过是能抽袋烟，行乐享受于他是浮云，对真理知识的追求才是真正的快乐。他用自己的哲学实践证明自己的哲学理想，他是一个真正的哲学家！惯于埋汰其他哲学家的罗素在《西方哲学史》里对斯宾诺莎的评价十分恭敬："斯宾诺莎是伟大哲学家中人格最高尚性情最可亲的。按才智讲，有些人超越了他，但在道德方面，他是至高无上的。"可惜的是，我们这位道德楷模因为磨镜片时肺部吸入大量粉尘，很不幸地得了职业病——肺病，最后医治无效英年早逝，享年 45 岁。

斯宾诺莎的一生很好概括：

他比烟花还寂寞，他比耶稣还纯洁！

当我说要写斯宾诺莎时，有人问我为嘛要写这个神色枯槁的卢瑟（loser）。斯宾诺莎的思想艰深晦涩，在中国没太大影响力，他本人也没有那么多爱恨情仇值得你我狡黠地眨巴双眼去八卦，可是我还是要写他。其实，我笔下的每一位哲学家都代表了哲学家中的一类人，他们有的如黑格尔，学术做人双肩挑，入世出世两不误；有的如汉娜·阿伦特，哲学上强势如御姐爱情中单纯似萝莉；斯宾诺莎代表了这样一类理想主义者：他们淡泊一切名利，只为实现人类的终极幸福。

不错，有人关心 36D、房价、下顿吃啥，就有人眉头紧锁地思考人类的至善和幸福。他们放弃了通向俗世享乐生活的捷径，选择了一条荆棘之路。这条路他们走得跌跌撞撞，摔得鼻青脸肿，可他们仍旧不知疲倦依然向远方跋涉。他们就是那只欲想撼动大树的蚍蜉，就是那只挥舞着瘦长大臂准备挡车的螳螂。大树大车的名字叫"历史"！蚍蜉螳螂的名字叫"人类的思想"！于历史的无边荒崖，凶猛的恐龙也沦为化石被放置在博物馆供人类观赏。可无论历史多么无情，此刻他们的那些思想都硬如磐石，韧如蒲苇。因为他们，人类不死！

在他们面前，我们永远是孩童，数一数他们留下的足迹，走在他们曾经披荆斩棘开辟的康庄大道上，我们观赏着沿途风景秀丽的人类文明。他们倾诉着，有人倾听着，我在倾慕着……

这条荆棘路，是一条光辉荆棘路！

Simone de Beauvoir & Jean-Paul Sartre

雌雄大侠
波伏娃与萨特

Simone de Beauvoir
(1908–1986)

Jean–Paul Sartre
(1905–1980)

一切要从很久以前的那堂"政治学原理"课说起。

那时，我还上大一。"政治学原理"课前有 presentation，参与报告者期末会加分。赤裸裸的诱惑下，我有天就大步流星走上讲台字正腔圆如《新闻联播》主持人般，作了一场题为《我不是女权主义者》的关于波伏娃《第二性》的读书报告。报告结束我颠颠地走下讲台心里还直乐呵：效果不错，效果不错！后来，据可靠消息，我班对我心怀叵测蠢蠢欲动本欲下手的几位 GG（哥哥），从此后一个个噤若寒蝉悬崖勒马猛踩刹车。他们私下里评价：这妹纸外表清新森林系，内心金刚又暴力。血淋淋的事实使我不得不承认：我！悲！剧！了！

各位以后当了爹妈，女儿青春期建议教材：《琼瑶全集》。

波伏娃和萨特这对雌雄大侠，我先认识的萨特。和认识大神斯宾诺莎一样，我看了《诺贝尔文学奖全集》，文集里收录了萨特的《墙》和另外一位存在主义大师加缪的《局外人》。1964 年，瑞典学院决议颁发萨特诺贝尔文学奖，可大侠萨特大手硬邦邦一挥："我拒绝一切来自官方的荣誉！"拒了世人梦寐以求的诺贝尔奖！其实，做人如萨特般精明，当然知道拒绝领奖比领取此奖更能引起世人的关注，更有轰动效应。不过萨特视一大笔诺贝尔奖金为粪土的精神还是值得大家学习滴。

萨特从小在单亲家庭长大，他很小时爹爹就去世了。在哲学家文学家圈子里有一个经大量统计学数据证明的伪真理：想当大师，你爸是不是李刚不重要，但你爸最好很早就去世。只有这样你才能避免父权的管制，不会形成"父亲——上帝"的观念，思想会享受更高的自由空间。比如咱们的卢梭同学、大仲马同学、尼采同学等都经历过幼年失怙。

人不猥琐枉少年，萨特少年时就是个地地道道的猥琐矬男：个子很矮不说，还是个斜眼。萨特从小喜欢追逐姑娘，可惜自身条件比较差，姑娘们都懒得搭理他。追不到妹纸的萨特泪流满面，仰天长啸："哥以后要成为司汤达和斯宾诺莎！"多少年后，他果真做到了一半文学家一半哲学家：他左手蘸文学之饱墨，右手提哲学之妙笔，由矬男萨特成功转型为战后"存在主义"江湖里义薄云天的大侠萨特，成为大侠的萨特虽然还是矮个子斜眼却再也不用发愁妹纸，只见他：

骑马倚斜桥，满楼红袖招。

1929 年，在巴黎高等师范学习时，萨特认识了小自己两岁的西蒙娜·德·波伏娃。与世间所有正当龄的小情侣一样，他二位也是：干柴烈火一拍即合山盟海誓私定终身；可与世间所有正当龄的小情侣又不一样，他俩的山盟海誓惊世骇俗："我们之间永不说谎永远挚爱对方，但我们永不结婚永不干涉对方同其他人的其他爱情！"从此后，没领证的萨特和波伏娃开始非法同居，他俩同居了 50 年，契约爱情了一辈子。

萨特的存在主义哲学到底是什么，还要从 18 世纪的哲学讲起。那时候哲学为了和神学作斗争，为了否定神性承认人性，所有的理念都强调"本质先于存在"，人的本质先于人的存在。这种"本质"在柏拉图那里叫"理念"；在亚里士多德那里叫"理性"，在托马斯·阿奎那那里叫"上帝知识"，在笛卡尔那里叫"观念"，在黑格尔那里叫"绝对精神"。到了萨特这里，他开始和传统的哲学决裂：他主张"存在先于本质"，人的存在先于人的本质！

　　萨特的"存在先于本质"的命题，直接表明了人与工具、人与动物，人与自然界的不同。人的存在是不能受任何本质概念规定的。一个工具，如斧子，它在制造之前就已经规定了它的性质、用途、用法、形状大小等本质属性，然后被生产者制造出来。但人的存在却不是提前被上帝规定好的，上帝无法主宰人的本质。人之初，空无有，人的选择造就了人自身，人的本质是人自己创造出来的。一个人完全可以按照自己的自由行动和意志来创造自己的本质，并决定自己成为一个什么样的人。

　　在萨特看来，客体世界荒谬荒诞，人生由此痛苦孤独。

　　但是作为主体的人却应追求自由，不断选择，我们在自由选择时又应该承担责任，自由和责任紧密联系在一起。萨特将"存在"分为两类：一类是"自在的存在"，就是"物"的存在，它无意识无目的无理由，它就是它，它孤立而偶然，因

Simone de Beauvoir & Jean-Paul Sartre

波伏娃与萨特

Simone de Beauvoir   Jean–Paul Sartre

(1908–1986)   (1905–1980)

此萨特讲：现象即本质。另一类是"自为的存在"，这种存在是有意识的存在，是人的存在。自为的存在具有超越性，强调行动的永恒可变性，它要改变自在存在的永恒性。个体的人没有不变的本质，他自身的现实境遇和自由选择创造了他的本质。一言以蔽之，萨特的客体世界是"自在存在"，主体世界是"自为存在"。人类先天无本质，无论怎么样，人类的失败不可避免，无论你怎样选择，怎样造就自己，却永远无法实现"自在自为的存在"。我们不可能像对象一样客体的自在存在，也不可能自为的虚无的存在。人只有边追求自由边承担责任，在行动中自己创造自己的本质。

萨特的世界是一个荒谬的世界。在这个荒谬的世界里，有人为目标奋斗，却并不存在一个人类的目标；每个人都想自为的存在，却不可能实现人类世界的自为存在，这个世界是丑恶的、毫无希望的世界。因为世界的毫无希望，人类的存在便有了价值，世界本空虚，人用行动填充空虚，人的自由就是对空虚和荒谬的一种反抗。人生无所依，一切取决于自己。我们只有在追求自由的反抗中，创造自己的价值，赋予空荡的世界以意义。

在萨特看来"他人就是地狱"，这句来自剧作《禁闭》里的名言曾一度让萨特置身于口水战的中心。萨特这句话不是让大家去仇恨他人。他只是在研究"自在存在""自为存在"的同时，探讨另外一个存在即"为他的存在"，研究"人"就绕不过"他人"。客体是自在存在，主体自为存在，可一个主体的人在他人眼里却成了客体。这些他人在自我的自由选择中把你当成了对象，于是，你成了别人意识的对象，而不是自我意识的主体，这就是"为他的存在"。在萨特看来，如果现实中你和他人关系恶化，那他人就是你的地狱；如果你太依赖他人对你的判断，那他人就是你的地狱；如果你不能正确认识自己，那自己也是自己的地狱。

于是，萨特说"他人就是地狱"，纳粹是平民的地狱，资本家是工人的地狱，一个主体的人永远是他人做主体的威胁，人类无法逃避，注定了失败。

20世纪是萨特的存在主义大显身手的世纪，第二次世界大战结束后，世界满目疮痍，道德理想幻灭，人们苦闷消极。萨特的存在主义一方面指出现实的荒诞，但另一方面又给芸芸众生指出一条出路：自我选择。萨特的存在主义将哲学介入生活，哲学和人民群众可以来个亲密接触，哲学的亲和度也被发挥到极致。存在主义为不合理的现实找到了合理的支撑点，于是风靡一时。今天，存在主义的浪潮已经渐行渐远，然而是浪潮它就会惊涛拍岸，它离开的力量有多大，它涌回的力量就有多强。当下的我们正生活在一个饶舌平庸和娱乐至死的时代，我们也许会将"郁闷""悲催""纠结"等词汇轻易挂在嘴边，但我们永远也感受不到存在主义那种激烈和极端的焦虑感，那种关于痛苦和绝望的真诚情感。存在主义以极端的方式告知世人：每个个体都必须承担他无法放弃的自由！正如加缪在《西西弗的神话》里所表现出来的那样：西西弗几十年如一日滚着石头上山，石头到山顶再滚下来，无论再虚无再荒诞再徒劳，西西弗还是哼着小曲不问明天。西西弗无疑是幸福的，他选择了自己的命运，他又高于自己的命运！

存在主义被萨特和加缪诠释得炉火纯青，其实早在19世纪末，尼采、克尔凯郭尔、陀思妥耶夫斯基三位大师就已经在著作中完整表现出存在主义的主题：绝望、虚无与荒诞。陀思妥耶夫斯基在《群魔》中借基里洛夫的理性自杀观表达了自由的逻辑起点必然导致自杀的结论："谁如果仅仅为了战胜恐惧而自杀，谁就证实了人的完全的、绝对的自由，谁就立刻成为上帝。"

从19世纪末到"二战"结束这近百年的时间，西方文明整体遭遇了黑暗时代。老子曾云："大道废，有仁义。智慧出，有大伪。"两次世界大战使人类陷入集体性苦难，文明内部也出现悖谬与慌乱，思想被迫对历史的悖谬作出回应。于是，存在主义应运而生，它残酷却又伟大，正如萨特所说："我抵制的恰恰就是绝望，我知道我将在希望中死去，而我必须为这种希望创造一个基础。"不错，面对人生那虚无和荒诞的无限深渊，就让个体的自由选择接受考验！历史的残酷造就了思想的极端！

　　其实，萨特的"存在主义"并不完美。萨特说世界是荒谬的，可他又相信历史是"向着人意识到自己是人的方向缓慢发展"的；萨特说"存在先于本质"，人的自由选择成就了人的本质，可所谓的自由选择却无法排除外在现实条件的影响；萨特说"他人即地狱"，可他又说只有把他人的自由当成目标，个人才能实现自由。当萨特轻蔑地反对人的本质时，他的人的自由却恰恰无法回避这一问题。萨特打碎了一个旧世界，可荒谬的存在又无力构建一个新世界。尽管如此，作为20世纪人类良心的萨特却开辟了一条通往人类自己的人的世界之路。

　　其实，世界上有一个民族和咱们中华民族的相似度很高，它就是法兰西民族。这个民族和我们一样讲究口腹之欲，散漫无组织喜欢窝里斗，且爱俗世生活爱得死去活来，世界上只有法式大餐可以和中华美食相媲美，当然法国人也和我们中国人一样很自恋喜欢自我崇拜。这种自恋表现在文人身上就是——自传体。法国盛产自传体，自传体回忆录基本可以信手拈来。比方说，卢梭的《忏悔录》，司汤达的《自我崇拜回忆录》，普鲁斯特的《追忆似水年华》，等等。到了女侠波伏娃这里，她将自传体回忆录演绎得淋漓尽致，她一共写了七部！波伏娃的所有作品中，我个人感觉除了她获龚古尔文学奖的小说《名士风流》和被誉为"女权主义圣经"的《第二性》不错

外，其他作品有如鸡肋：思想上于萨特她略输文采，文字上于咱们的法国情人杜拉斯她又稍逊风骚。

　　波伏娃的《第二性》一书共分为两卷：第一卷"事实与神话"，她从经济学、生物学、历史学、经济学等角度研究女性问题，向大家详细演示了妇女今天所处地位的演变史；第二卷"当代妇女的生活"，波伏娃分析了女人是怎么成为弱者成为第二性的，并告诉大家：女人不是月亮！女人应该走向独立和解放！波伏娃在思想上紧跟萨特的"存在先于本质"，在《第二性》中她提出世上本不存在永恒不变的女人本性："女人不是先天的，而是后天形成的。"萨特的存在主义反对世界的任何一种"本质"，波伏娃的女权主义认为女性气质也是种错误的本质。在历史上，女人是人类范畴的一个概念，这个人类范畴却是个男性范畴。男人是普遍的第一位，女人是次要的第二位。这种女人第二性的次要地位已经隐藏于从古至今的人性概念中。女人成了另外一种人——"他者"。只有另外一种人的干涉，才能把一个人树为他者。波伏娃的"他者"受到了黑格尔哲学的影响。黑格尔的"自我意识"需要他人证实它的存在，这个"自我意识"里就预设了"他者"的存在，没有他人的存在也就没了自我意识的存在。这种关系就如同奴隶和主人的关系一样，之所以意识到自己是主人那是因为有奴隶的存在，没有奴隶就无所谓主人了。女人成为他者正是因为男性在自我界定过程中树立了女性的他者地位，女人要想解放就必须先打破早已内化的"他者"观念，确立自我树立自我意识。

那作为第二性生来就成为男人欲望客体的女人该如何解放呢？波伏娃指明了途径：女人的解放就是摆脱"他者"的生存状态，走出女性的"内在性"。女人的内在性受社会制度、历史文化的影响逐渐形成，它的存在是一个历史性的过程。女人内在性的文化根源正是父权制，只有推翻父权制文化，女人只有从父权的束缚下走出来，女性才能摆脱"他者"状态。女性实现自我和获得解放的先决条件是经济上的独立和自由。女性的解放"首先要完成女人经济地位的演变"。在波伏娃看来，经济自由和具体的积极的自由相联系，如果没有实现经济自由，那么女性获得的不过是抽象的空洞的自由。这就如同一个没有工作靠丈夫养活的女人，宪法规定再多的自由对她也毫无实质影响。又好比法律早就规定了男女平等，可在求职时女性依旧面临着被歧视被排挤，自由平等此时形同虚设。

《第二性》方一付梓，就立刻被罗马教廷列为禁书，这世道什么都是越禁越畅销，一时间《第二性》搞得洛阳纸贵。《第二性》用今天人的眼光看，估计也谈不上是一剂猛药，可放在当时的男权社会，它的出现就是重磅炸弹，强烈的夸奖和恶意接踵而至。有人骂她"性冷淡""慕男狂""阴茎崇拜者"，因为在书中大量讨论了关于女人流产堕胎问题，她又被怀疑为"堕胎狂"。在社会舆论的压力下，波伏娃差点得了精神抑郁症。

波伏娃总会让我想起咱们国家一位也被众人骂得狗血淋头的女性学者：李银河。话说李银河老师因为研究同性恋问题，一直饱受非议，嘴巴恶毒的直接攻击她。虽然，银河老师关于同性恋研究的很多结论我不甚赞同，但她作为一名社科工作者，学术研究的态度与方法却是不容置疑。为此，我要很厚道地站出来替银河老师和波伏娃等女前辈说句话：你娃儿不要乱讲话，你晓得苏东坡和佛印的故事不，不要粗鄙如东坡满脑子都是牛屎，看世界都是牛屎！

荏苒冬春谢，寒暑忽流易。我们一辈子所向披靡的存在主义江湖大侠萨特最后也败给了杀猪刀——岁月，他开始尿裤子，大小便失禁，神志不清。最后的日子里，波伏娃不离不弃，悉心照料他。弥留之际，萨特紧握波伏娃的手："哦，我亲爱的海狸，我爱你！"波伏娃上前，轻轻吻他。不错，他和她从来都不是唯一，可他爱她，她也爱他。烈焰红唇，高跟黑丝，性感有余，可深刻不够，波伏娃是唯一可以和萨特茶余饭后平等谈论存在主义的女人。兄弟如手足，女人如衣服，波伏娃于萨特，是过冬的衣服。萨特和波伏娃之间的契约爱情是精神高度契合之爱，这种爱不用每天说，也不用每天做！

古来圣贤皆寂寞，还好萨特有波伏娃！

平心而论，没有波伏娃，萨特仍然可以成为萨特，仍然可以在存在主义的江湖里，和加缪平分秋色，星光熠熠！可波伏娃没有萨特，成不了波伏娃。一个女人若要和整个世界对抗，若要和整个约定俗成的价值体系对抗，谈何容易！波伏娃的女权主义，男人们十分厌恶觉得受到了挑衅，而绝大多数女人也避之唯恐不及，视她瘟疫恶疾，要与之划清界限，波伏娃没有组织没有战友。但是波伏娃心无畏葸，当对手敌人上前挑衅，她手握女权主义的宝剑上阵迎敌，一招一式她挥得气定神闲、行云流水，因为她知道：她背后，萨特在！

古来女侠多寂寥，还好波伏娃有萨特！

作为晚辈，我敬称波伏娃和萨特一声"雌雄大侠"，他俩曾经手挽手，肩并肩，在战后思想萎靡没落的文学界、哲学界杀出了一条存在主义的血路，成为很多人的思想领袖。可作为晚辈，我还要不敬地称呼他俩一声"雌雄大盗"，不错，是"采花大盗"！我没准备为他俩的滥情私生活护短遮丑！萨特小时候因为个子小长得丑被男生欺负被女同学嘲笑，所以成名后的大侠萨特也难以摆脱童年阴影，他总是喜欢周围靓男美女环绕。萨大侠爱哲学更爱美人，一辈子女友更换频繁，他潜规则女学生，他和养女不伦恋，而波伏娃的双性恋的身份为他们之间共享情人提供了便利。任何有道德感的人都反感厌恶他俩这些肮脏龃龉的不堪私生活。

大师也不能随便耍流氓啊！一夫一妻制（monogamy）虽说

在学理上有问题，但是在找到更合理的制度代替它之前，你俩就不能打着追求绝对自由、反抗传统的旗帜随便滥情。要是大家都像你们一样，那艾滋病绝对泛滥，人类迟早会走向自我毁灭！

对于女权主义，我也颇有微词，尽管作为一名女生，我要向每一位女权主义前辈们鞠躬，感激她们为争取我们的应得权利作出的牺牲和努力。但我又不得不承认，女权主义运动越走越偏，很难成大气候！如今，男人们一听女权主义，一脸睥睨：一群生理周期紊乱内分泌失调不男不女的女人们又上街骂男人骂社会去了！世人误解女权主义，不怨世人，女权主义自己难辞其咎！如今，女权运动队伍里鱼龙混杂，缺乏统一的指导思想，看问题深度又不够，把女人沦为第二性归结为男人和社会，故而，运动一不小心就流于形式，成了控诉男人诅咒社会的吐槽大会。其实女人沦为第二性，宗教、教育、环境等方面起了很大的作用，但它们不是问题的本质！问题的本质在于：私有制和生产方式！恩格斯在《家庭、私有制和国家起源》里说得很清楚："一夫一妻制是不以自然条件为基础，而以经济条件为基础，即以私有制对原始的自然长成的公有制的胜利为基础的第一个家庭形式。"当私有制出现，女人开始变成丈夫私有财产的那一刻，女人就开始沦为第二性！这就是为什么在原始母系氏族公社，生产方式以女人为主导，你想成为第二性都缺乏社会基础！

其实，在私有制还没被消灭掉的今天，怎样做女人和怎样写论文一样，有难度系数但同样有技巧存在。我觉得女人没必要没事干就非得和男人们一较高低，一分胜负。较劲叫板，只能证明我们内心不自信，已然觉得自己是弱势群体；也没必要一副大义凛然：泰坦尼克号都要沉了，男生们给你让救生艇的座位，你还学究气地讲男女平等，讲女权主义。殊不知，在自然界，遇到危险敌情，雄兽都会第一时间保护雌兽和幼兽，道理很简单：保证物种延续性是第一！

萨特和波伏娃一辈子没结婚，当时的小青年们视他们为精神偶像，纷纷东施效颦，一时间法国结婚率骤降，离婚率猛增。

婚姻究竟是什么呢？

哲学男恩格斯在本质上定义了夫妻："一夫一妻的起源绝不是个人性爱的结果，它同个人性爱绝对没有共同之处……它的产生是由于大量财富集中于一人之手，并且是男子之手，而且这种财富必须传给这一男子的子女。"

唐朝文艺诗人李冶在情感上定义了夫妻："至近至远东西，至深至浅清溪。至高至明日月，至亲至疏夫妻。"

至亲至疏夫妻，说得再对不过，可到底还是太凉薄。我的想法是：人嘛，要么就活个难得糊涂，什么都太明白就没意思了；要么，就学习哲学，彻底认识这个不完美的世界，然后，依然爱它！

Antisthene

丐帮哲学家：
犬儒学派

The Cynic

你问我犬儒是什么意思，且听我讲个小故事。

几年前你在校园 BBS 上贴一照片，尽管那时你刚唱完一二·九归来，身上大红色演唱袍子肥得能塞进两只老母鸡，脸上挂着一副腮红堪比猴屁股，唇彩犹如吃完猪蹄没擦嘴。尽管如此，照片下的评论却如此春风化雨暖透你心："这 mm 真可爱""这师妹不错""这师妹真面善"。而如今，你再在 BBS 贴一照片，你会发现评论永远比照片更有看头："求包养求介绍"；"哈哈哈哈哈哈"笑得你毛骨悚然不知所以；更有"复仇贴，鉴定完毕"搞得你哭笑不得。

总而言之：数年前，网络民风尚好；而如今，网络犬儒当道！

犬儒主义（cynicism）在今天被简单地概括为：玩世不恭＋愤世嫉俗。如果大家都经常在网络各大 BBS 潜水冒泡且发表言论有以上倾向，那么今儿个就让我带领大家去瞻仰围观下各位的祖师爷吧。

公元前 5 世纪末，曾经灿烂一时的古希腊城邦制度由盛而衰，它的衰败我们可以在雅典在伯罗奔尼撒战争中的一败涂地，苏格拉底被所谓"民主"的毒芹汁赐死，柏拉图失望至极愤而出走西西里中窥视得一清二楚。当曾经强大的城邦已然成为明日黄花，当曾经自信的公民沦为臣民，当战争引发社会混乱道德滑坡人心不古，一群哲人开始对现实产生怀疑，于是他们用极端的方式表达自我。

他们是那个时代的行为艺术家，他们的名字叫犬儒。

"犬儒"一词，翻译得不得不让人拍手称赞。"犬"的意思就是狗了，"儒"就是儒生，知识分子的意思，"犬儒"就是"像狗一样的知识分子"。只见这群知识分子举止乖张放浪形骸不知羞耻，却又我行我素敌我分明敢咬敢斗。他们是希腊版丐帮：赤足而行，乞讨为生。他们又是时尚潮人：将米兰时装周流行元素一网打尽；鸡窝头渔网服透视装。他们还是行为艺术先驱：住在木桶随地排泄当众XXOO。他们的口号：一切附庸风雅装阳春白雪的哲学家都是纸老虎，打倒纸老虎！他们的目标：咱家就是要做下里巴人哲学家中的下里巴人！

犬儒学派的开山鼻祖是苏格拉底的学生，柏拉图的同窗兼宿敌安提斯泰尼。安提斯泰尼的学生第欧根尼将犬儒学派发扬光大且红极一时。第欧根尼出身还不错，他爹是银行家。本来这一职业买房子买车养老婆孩子根本不成问题，可第欧根尼他爹每天看钱摸钱数钱以致走火入魔心生歹念，他开始制造伪币还拉宝贝儿子一起下水。后来东窗事发，父子二人均遭流放。雅典人为此嘲笑讥讽第欧根尼："哼，人家锡诺普的公民判处流放你。"可第欧根尼却过早掌握了辩证法的朴素萌芽："咋滴，我不是也判处他们留在原地了吗！"

安提斯泰尼和柏拉图向来不对付，于是第欧根尼经常替老师出气：柏拉图在课堂上给学生讲"人就是有两只脚、不长羽毛的动物"。学生恍然大悟，这一概念遂颇受欢迎。可没过两天，就见第欧根尼手提一只拔了毛的鸡气势汹汹去柏拉图班上砸馆子踢场："看，这就是柏拉图所说的人。"搞得柏拉图脸色讪讪下不来台。柏拉图请客，第欧根尼去蹭饭，看见人家柏拉图家有名贵地毯，心生不忿，于是双脚在地毯上可着劲地踩，嘴里还碎碎念："踩呀踩，踩掉柏拉图的虚荣！"柏拉图吃一堑长一智，这次基本做到兵来将挡水来土掩，他不动声色地回击："哦，亲爱的第欧根尼，你不想显示虚荣，可你的虚荣却显示出了你！"

　　第欧根尼最有名的还是和国王亚历山大的对话。话说亚历山大有次来科林斯，名流群儒排队觐见，第欧根尼当然不在队伍里了。顿感失落的国王亚历山大于是某天专门抽空去拜访第欧根尼。国王见到第欧根尼时，咱们的大哲学家正在晒太阳，捉跳蚤。政治家一向礼数周全，亚历山大上前自我介绍："Hi，我是国家主席亚历山大，请问我能为你做点什么？"第欧根尼不抬眼皮，把跳蚤咬得嘎嘣响："嗯，哥们儿，麻烦你走开点，别挡住我的阳光。"亚历山大顿时觉得自己相形见绌，惊第欧根尼为天人，逢人便说："假如我不是亚历山大，我就要做第欧根尼！"

　　犬儒学派趣闻轶事很多，他们直接通过自身的行为方式向

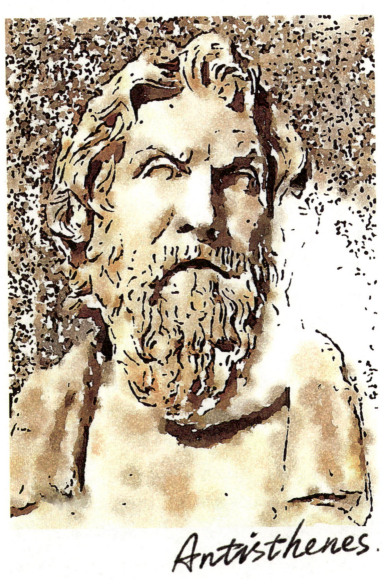

Antisthenes.

安提斯泰尼
Antisthenes（前 445—前 365）

世人展现着自己的哲学思想。犬儒学派流传下来的第一手作品寥寥无几，他们的思想只是在其他哲学家的著作里间接或直接地被提起，正是这些著作成为研究犬儒学派宝贵的第二手资料。比方说黑格尔的《哲学史讲演录》就开设专门篇目描述犬儒学派。其实，比起近现代哲学，我个人更喜欢早期的古希腊古典哲学：毕达哥拉斯学派、犬儒学派、斯多葛学派、伊壁鸠鲁学派，他们的名字叫起来都很有爱，他们在我眼中都是一群袒胸露乳披着麻袋手持鱼叉的哲学怪人。他们，代表了哲学的童年。

犬儒学派的思想很容易概括——"三反运动"：反社会、反世俗、反现实。政治上，他们藐视一切权威，提倡"世界公民"；宗教上，他们怀疑神灵批判宗教；他们鄙视金钱，摒弃世俗快乐；他们超凡脱俗，安贫乐道；他们四处乞讨食不果腹居无定所一无所有；他们却又热爱生活关注人生不逃避不苟且；虽然他们消极、幼稚又极端，但他们自信、独立且强大。他们的思想深深影响了无政府主义、后现代主义，尤其是"二战"后的那些反社会思潮，嬉皮士运动和垮掉的一代。

在《美女、才女、痴情女：汉娜·阿伦特》文中曾提到汉娜的老师雅斯贝尔斯。雅斯贝尔斯在《历史的起源与目标》中提出了一著名命题"轴心时代"：公元前800—前200年，北纬30°上下，出现了人类文明的轴心时代。在这一时代，人们开始意识到整体的存在与自我的极限，开始意识到世界的恐怖与个体的无能为力。这一时代英雄辈出：在中国有孔子、老子；在印度有释迦牟尼；在以色列有犹太先知；在希腊有苏格拉底、柏拉图、亚里士多德。广义上讲，古希腊的犬儒学派和中国的庄子学派属于同一历史时期，且相似度很高。二者都处在礼崩乐坏的社会动荡期，一个是城邦制的衰落，一个是周王朝的式微；二者都是对天人关系人人关系的反思追问且本质思想比较接近。

今天的中国流行犬儒主义。今天的犬儒和古代的犬儒在学理上已有很大不同，它没学到人家独立自信的精神却只会对人家不羁的行为依葫芦画瓢，今天的犬儒将真正的犬儒主义推向了反面，它是古代犬儒的异种变形。不错，犬儒是种病，我们大家一同上演着朱德庸的漫画《大家都有病》！

大家都心照不宣说一套做一套，谁要较劲儿谁就是假大空装崇高；大会永远是"成功的圆满的大会"；领导永远是"尊敬的敬爱的领导"；心里再厌恶，嘴上永远淘宝客服般：亲；连地沟油上都有模有样印着："消费者信得过产品，百年老字号"。君不见，今天的中国社会，它解构崇高；它信任匮乏；它虚假成风；它玩世不恭；今天的中国社会，它犬儒当道！

斯宾格勒在《西方的没落》里讲到文化都有周期，西方文化已经无可救药地走入物质消费文化的末路。梁漱溟在

《东西方文化及其哲学》一书中也提出西方文化解决不了人与人之间、人与物之间的障碍关系，中国文化将是未来世界文化的主流。可我放眼一望，电视里全是相亲选秀，满大街虚假广告，全社会弥漫着犬儒主义、虚无主义。这样的文化怎么能铁肩担道义呢？一个没有价值观输出的国家又如何崛起呢？

王安忆曾说过，尽管王朔的文字嬉笑怒骂拒绝崇高，可透过文字，王朔骨子里是个好孩子。不错，也许大家会在网络上相互攻击彼此是"五毛""美分"；也许你会犬儒般自我解嘲自己是矮穷矬是"屌丝"，可我知道，无论"80后"多嬉皮"90后"多早熟，无论你怎么在网络上玩世不恭嬉皮笑脸撒泼卖萌，无论你再怎么披着犬儒的外衣睥睨一切，你骨子里都是好孩子。其实，无论你采取了什么样的方式针砭时政，我知道，你心灵深处总是希望，有一天，她会更好。

然而，因为犬儒，我们却不作为很久了。

居家好男人
弗洛伊德

Sigmund Freud
(1856–1939)

如果各位像我一样曾悲催地准备过 GRE，那么一定会对这么个拉丁文词汇记忆犹新："annus mirabilis"，它的意思是"奇迹年"。

史学上称 1905 年为奇迹年。这一年，有一位长得像猴子的犹太青年发表了 5 篇论文，尽管这些论文后来推动了人类世界科学，哲学研究事业跑步式地向前发展。可在当时，这些论文的发表却犹如石沉大海，毫无波澜。多年后，这位犹太青年终于获得了诺贝尔奖，开始实至名归，扬名立万，连史学界也主动向他示好，以他的名字命名了 1905 年。

同样，在 1905 年，另外一位犹太学者发表了 3 篇论文，本来指望着拿点论文稿费，回家讨老婆欢心的这位犹太医生打死都没想到，他的论文在当时保守的德语学术界排山又倒海，男女老少群起攻之："下流胚""色情狂""登徒子"。他开始成为最不受欢迎的人，用来养家糊口的私人诊所也备受连累，一时间门可罗雀。然而，多少年后，他也同样一不小心沦为名人，一脸青春痘的青年们都喜欢色眯眯地讨论他的理论，他的书成为畅销书，几乎人手一本。

你猜得没错，第一位犹太青年名叫阿尔伯特·爱因斯坦，第二位就是本文的男猪脚（主角）：西格蒙德·弗洛伊德。他 1905 年发表的那三篇论文分别是:《多拉的分析》《玩笑及其与无意识的关系》《性学三论》。又过了很多年，这两位已经在学术圈掌握了话语权，张牙舞爪、龇牙咧嘴的犹太大牛在柏林亲切见面，谈话内容可以摘要为：那些年，我们一起写过的paper。

以上两个案例告诉大家一个不争的事实：人们总喜欢仰视膜拜熠熠发光的英雄，却从未思考如何才能练就一双火眼金睛识英雄于未显之时。

开门见山，弗洛伊德是个居家好男人，尽管他的研究内容开放又前沿，尽管他著作中"性变态""性冲动""性倒错"之类的词汇高频度出现，但这并不能证明弗洛伊德就是个色老头色情狂性变态。弗洛伊德是个地地道道不折不扣的好男人：在最好的年龄谈了一次恋爱，结了一次婚，娶了一个老婆，一辈子琴瑟和鸣鹣鲽情深。虽说他的女学生中不乏香艳之流，比方说尼采同学一辈子的"香飘飘优乐美"莎乐美同学就是弗洛伊德的美女弟子。尽管如此，师生之间也从未有半点花边新闻传出来。然而，这世道总是如此荒谬，理论的怀疑批判总会上升到人格的怀疑批判，舆论放不过弗洛伊德，诋毁之词不绝于耳。为证明自己，苦逼的弗洛伊德不得不放下男子汉的尊严，他无奈地自我披露："我不是色情狂，我从 41 岁开始就停止了夫妻生活！"

弗洛伊德最有名的一本书叫作《梦的解析》，写完这本书时，弗洛伊德意气风发挥斥方遒，在扉页上用维吉尔的诗题词："假如我不能上撼天堂，我将下震地狱。"可怜的弗洛伊德打死都没想到，天堂地狱他到底没够着，唯一撼动的却是自己，因为这本书花了 8 年的时间才卖了不到 600 本。这都怨当时的图书编辑不谙市场之道，要是打上个"周公解梦，预知未来"的小广告，怎么也不至于落个如此惨淡的下场。

弗洛伊德的精神分析学说是一个庞大的理论体系，我可以为大家简单地概括为四部分：无意识理论、梦的理论、性本能理论与人格理论。其中，无意识理论是弗洛伊德所有理论的出发点。在无意识理论的基础上，弗氏又建立了梦的理论、性本能理论以及人格理论。在弗洛伊德看来，人的意识包含了两大类：意识与无意识。意识就是能为大家所认知的观念的集合体；而无意识潜伏在意识之下，不为人所知。无意识又可分解为：能转化为意识的前意识，压抑很深不能转化为意识的无意识（也叫潜意识）。弗洛伊德曾打比方说，人的全部心理活动犹如冰山，那些显现出来的意识无非是露出水面的冰山一角，而无意识才是藏匿在水下冰山的绝对构成。无意识是人类行为背后真正的推动力！

关于意识、前意识、潜意识三者的关系，弗洛伊德有个生动的比喻：人的心理活动就是一座三层小楼。楼顶住着意识先生们，他们温文尔雅高尚有道德；他下面住着前意识们，这些人比较安静守礼。在楼梯中间有一位警察站岗，但是警察叔叔

弗洛伊德

Sigmund Freud (1856–1939)

对前意识们比较 nice，他们可以经常上楼拜访意识先生们。住在最底层一天到晚骚乱不休、文化程度比较低的就是潜意识们，他们每天都企图逃过警察叔叔的监控，溜到楼上打扰意识先生。这群狡猾的潜意识们要么伪装自己，把自己打扮成前意识，要么就等夜晚来临，警察叔叔睡着了，他们就蹑手蹑脚偷偷溜上去。

潜意识的夜间作案其实就是人类的梦。

弗洛伊德解释道："梦，不是空穴来风，不是毫无意义和荒谬的；也不是像有人所说的一部分意识昏睡，而只有少部分乍睡乍醒的产物。梦，完全是有意义的精神现象；实际上，是梦者愿望的达成；它可以算是一种清醒状态精神活动的延续。"如果要用一句话概括梦，那就是：梦是这群潜意识们愿望的冲动，梦的本质就是愿望的达成！

当然，这种愿望的达成不是那么大马金刀直截了当，它有可能经过多层扭曲，又伪装得面目全非。所以你的梦面（manifestcontent）大多是隐秘晦涩、支离破碎、毫无逻辑，但经过福尔摩斯似的抽丝剥茧侦探一番，你的梦底（latent content）正是你那被压抑的潜意识的真实释放。将梦底变成梦面，会经过凝缩（condensation）、移位（displacement）、象征（symbolization）、退行（regression）等造梦工作，这些梦工场的工作大胆新颖，令人大开眼界叹为观止。于是，你发现你那五花八门的梦面与真实的梦底总是南辕北辙大相径庭。

弗洛伊德的弟子荣格曾说过："凡是掌握精神分析学知识的人，无异于享受着天堂般的生活。"懂了弗氏梦的理论，你就突然发现所谓的周公解梦，尽管是伪科学，但是它有着一定的科学成分。比方说"梦是反的"这句老生常谈，我就可以给大家做个弗洛伊德式解读：晚上你做了一个噩梦，结果你却发现第二天自己吉星高照红鸾星动，于是你说：看吧，梦是反的！其实在潜意识里，你对第二天发生的那些事情过分看重过分忧虑，于是焦虑的潜意识夜间溜进意识层里行凶作案，成为噩梦。但正因为你在现实中的小心翼翼谨言慎行，这些事情可能才真正成功，于是才有了吉星高照红鸾星动。再比如晚上你梦到自己金榜题名洞房花烛，醒来才发现梦里不知身是客一晌贪欢，于是你失望：看吧，又是一场黄粱美梦、南柯一梦，梦是反的！其实，你是如此渴望成功渴望出人头地，而现实又残酷如碉堡，你很难攻下。于是，你渴望成功的愿望在梦中得到实现，但在现实里你依旧是卢瑟（loser），悲伤依旧逆流成河。

也许你会问，既然潜意识的作用如此之大，那么人类的潜意识来自于哪儿？弗氏继续回答：性本能是潜意识的动力来源。性本能就是力比多（Libido），它是一种性冲动的机能，是对快感肆无忌惮追求的一种驱动力。性本能并不仅仅是生殖意思上的性。比方说，婴儿幼时对母亲乳头深深依恋，这种性本能，在婴儿长大成人后，可能就转化为抽烟酗酒等行为，这种行为延续了婴儿在口欲中得到的快感。力比多就像人饿了要觅食渴了要喝水一样，是一种本能。在无意识的众多本能中，力比多这种性本能起着主导作用。因为力比多，就有了"俄狄甫斯情结"（恋母情结），有了"伊拉克特拉情结"（恋父情结），这都是性本能到了青春期，以亲属为对象，来发泄力比多。

弗洛伊德到了晚年，在无意识理论基础上又提出了"人格三结构"即"本我、自我、超我"理论。"本我"以追求快乐为目的，是力比多的大量储存器。它原始简单，无理性无道德；"自我"代表理性与常识，它来源于本我，又作用于本我，试图用现实原则来代替快乐原则引导本我。弗洛伊德说本我是马，提供能量；自我是骑手，驾驭着马跑向正确的方向。"超我"是道德化、理想化的自我，是自我的高级部分。如果说"超我"是天使，那"本我"就是魔鬼，而"自我"处在良心与欲望之间。还有个很可爱的说法："超我"是唐僧，"本我"是八戒，"自我"是沙僧。

曾经听过一个关于马克思与弗洛伊德的笑话段子："马克思与弗洛伊德都解放了人的下巴，一个是上面的，一个是下面的。"编笑话的人显然了解马克思与弗洛伊德的理论，但又浅尝辄止。马克思的理论不是解决吃饭问题，弗洛伊德的理论也不是主张性解放。在马克思看来，物质生产是人类社会前进的推动力，而在弗洛伊德看来，性本能（即力比多）是人类社会前进的推动力。

我最喜欢的两个哲学家其实就是马克思和弗洛伊德。他俩的共同点有很多：一、都死了；二、都是犹太男人；三、后世对其的评价都毁誉参半。可谓石头与鲜花齐飞，唾骂共喝彩一色。当然，如果你学哲学已学到心明眼亮，你就会轻易发现，哪位哲学家的理论对现实影响最大，他的追随者和诋毁者就成比例上升。这就是为嘛有的哲学家，外行都不知道是谁，内行也不过写论文时引用下；而有的哲学家却引来无数反对者写无数文章试图攻击他，但他永远比他的攻击者们都伟大。所以，马克思在我眼中是英雄，在他人眼里可能是妖魔。同样地，有人认为弗洛伊德是科学大师，有人认为他是江湖庸医。毕竟Freud（弗洛伊德）离Fraud（骗子）也只是一字之差。

因为马克思，我看清了社会和历史；因为弗洛伊德，我看清了人的意识。弗洛伊德的精神分析法虽然不是玄之又玄的读心术，但掌握了它，无论本质藏得再深扭曲得再厉害，你都能轻松把握。于是你知道了：那些高傲的家伙内心其实是自卑的；那些打着开玩笑的幌子说出来的话里，其实都有真实的成分；那些看似不经意的口误，其实你内心深处是希望这样的。因为弗洛伊德，我们可以更清楚地认识这群哲学家：萨特成名

后风流成性，那是因为他小时候曾被妹纸们深深鄙视过，自卑心作祟，他亟须证明自己；叔本华厌恶女人甚至打骂女人，那是因为他爹自杀，他妈又是个强势自私的女强人，喜欢寻欢作乐且一辈子对叔本华挖苦打击惯了；尼采说见女人要带上鞭子，这娃儿从小生活在聒噪的女人堆里，对女人他想靠近又充满恐惧。因为弗洛伊德，我们甚至可以弗洛伊德一下弗洛伊德，弗洛伊德晚年对名利异常热衷，那是因为他年轻时家庭负担过重，书卖不出去，理论界又不承认他，他穷怕啦！

弗洛伊德之后，文学界哲学界艺术界刮起一阵精神分析之风。超现实主义画家达利就是弗洛伊德的忠实粉丝，他的画中充满着弗洛伊德梦式的呓语。2010 年，导演诺兰拍了一部名为 *Inception*（《盗梦空间》）的电影。这部大胆荒诞但又构思精致、推理缜密，充满视觉美感的科幻片看得我小宇宙爆发，倘若我有天失业在家，我定要当编剧为我们这个讲究现实的国家写点充满哲学思考味道的科幻剧本，或者写个哲学版《生活大爆炸》。*Inception* 的理论支撑点其实就是弗洛伊德的意识、前意识、潜意识理论以及梦的形成理论。因为意识、前意识、潜意识，就有了片中的多重梦境，当莱昂纳多扮演的盗梦人 Cobb 试图进入目标人物的梦境时，根据弗洛伊德"梦的防御"机制，潜意识要保护自己，于是有了片中激烈的打斗枪战场景。

电影结尾，Cobb 对早已死亡的、自己却在梦境中构造出来的妻子 Mal 说：I'd miss you more than I can bear，but we had our time I have to let you go .I have to let you go.（我想你想到不能忍受。我们有过一段属于你我的共同时光，但现在我要放你走了，而我必须这么做！）看到这里，不禁令人泪奔。

其实，你我应该庆幸，我们都还年轻，世间七苦之生、老、病、死、怨憎会、爱别离、求不得，我们未曾全部遭遇，到目前为止最大的不幸也无非是失恋挂科木有妹纸。人生这条路越往前走，我们的大脑就会产生越多折射现实的意识，也就会产生更多我们本想隐藏却欲盖弥彰的潜意识。心理严重负荷，步履愈发蹒跚。所以，就让这条路走得轻松些吧，该放下的还是要放下，路人甲注定也只是路人甲。

当你遭遇不幸，总会有热心肠的人千篇一律地安慰："人生没有过不去的坎。"可说着容易做着难，何况有些坎高似珠穆朗玛。所以，*Inception* 之后，且当人生是多层梦境吧，结束这个梦境，下一层梦境里你我照样全血复活精神焕发。连加菲猫小朋友都知道"梦想决定现实，我要多睡一会啦"，所以，你需要做的只是擦干眼泪，然后洗洗，睡吧。

Arthur Schopenhauer

毒舌男
叔本华

Arthur Schopenhauer
(1788–1860)

大文豪歌德过腻了万花丛中过，叶子总沾身的日子后，终于心定了下来：他老人家娶了一位名叫乌斯庇尔斯的姑娘。这位姑娘年轻貌美可惜出身非常贫贱，那时的德国上流社会虚荣成风，极其讲究门第出身，于是乎，歌德和乌斯庇尔斯惨遭封杀。就在歌德一筹莫展之际，有一位八面玲珑长袖善舞的上流社会交际花向他打开了大门，这位交际花正是当时风头正旺的宫廷顾问兼言情畅销书作家：约翰娜·叔本华。

感谢约翰娜·叔本华，因为她生了一个儿子叫亚瑟·叔本华；感谢约翰娜·叔本华，她的自私冷酷虚荣，使得她的儿子成为一辈子持续不断地厌恶憎恨女人的唯意志论大师悲观主义者亚瑟·叔本华。

当歌德参加完约翰娜家的各种 party 沙龙，并与小叔本华交流之后，曾对约翰娜·叔本华夸道："您的儿子日后会有惊人成就的！"这句溢美之词要是被别的母亲听到，定会涕泗横流："华华呀，为娘高兴呀，你好好学习，妈咪这就给你去买脑白金补补脑。"可惜，约翰娜这位强势精明又自私的极品母亲，听完之后反而怒从心头起：哼，一山不容二虎，何况还是公和母！于是在一次争吵中，她残忍地将儿子推下楼梯，屁股摔成三瓣的叔本华眸中含泪，牙咬双唇："死老太婆，你等着，终有一天你会因为我才留名青史！"

叔本华说对了。很久之后，世人早已记不得还有位叫约翰娜的言情小说家，却会在提到叔本华时，顺便提下叔本华他妈约翰娜。

毒舌男叔本华是个富二代，他生在钟鸣鼎食之家，诗礼簪缨之族，他的家族和曹雪芹家一样富甲一方，全盛时曾接驾招待过国王。然而，叔本华却没有像宝玉一样成为纨绔公子哥常年混迹于脂粉堆，出人意料的是，玉堂金马公子哥叔本华却成了厌恶女人尖酸刻薄的悲观主义哲学家。

其实，这一切的一切还要从他爹和他妈那不幸的婚姻谈起。

老少配向来隐患多，叔本华他爹比他妈大 20 岁，他爹是精明商人冷酷寡言，他妈是文艺女作家爱幻想爱浪漫，二人婚后性格极度不合，约翰娜不爱丈夫，也不爱儿子，她热爱觥筹交错的交际花生活。此外，叔本华家族有精神病史，他奶奶疯了，他的两个叔叔也是疯子，叔本华他爹后来也因为饱受抑郁症自闭症的折磨，自杀了。叔本华将父亲的自杀归咎于母亲成天浪在外面不体贴照顾父亲，母子间嫌隙遂生。从此以后，缺乏家庭温暖的叔本华在悲观主义哲学里走上了一条不归路。

叔本华为后世所津津乐道，绕不过三件事：《作为意志和表象的世界》；诋毁女人；骂黑格尔是坨屎。叔本华将对母亲的厌恶之情很不理智地上升到对天下所有女人的厌恶，他说：

"只有男人的智慧被性冲动所蒙蔽时，才会称那些矮身材、窄肩膀、大屁股、小短腿的性别为美丽。"在一次和女邻居的争吵中，他粗暴地将对方推倒，导致邻居伤残，法院判他给女邻居支付一辈子的生活费，于是就有了那句著名的"老妇死，重负释"。

叔本华非常讨厌黑格尔，正所谓人生何处不相逢，一旦相逢就抽风，叔本华到柏林大学当老师时，黑格尔正在柏林大学如日中天，他的哲学课不仅座位上坐满了人，过道上还站满了人。为了和黑格尔分庭抗礼，顺便证明下自己，叔本华很自负地将自己的课程排在和黑格尔同一时间段。于是乎，这样的场景就出现了：上课时隔壁黑格尔班上门庭若市门都快被挤坏了，这边叔本华班上冷冷清清两三个学生。上课铃一响，还有一个学生一脸通红站起来说："老师，不好意思呀，我走错教室了。"叔本华彻彻底底沦为黑格尔的手下败将。从此以后，叔本华骂黑格尔就骂上了瘾："江湖骗子，精神怪物，屁眼哲学……"

叔本华养了一条狗，他这一辈子和人处不来，和狗感情倒挺好，他给狗起了个名字叫"世界精神"。后世很多不懂哲学偏又喜欢仰视哲学家的人们呼天抢地捶胸顿足："差距呀差距，我家狗叫旺财，大师家狗叫世界精神，大师不愧是大师呀。"对此，我很无语。"世界精神"是黑格尔的专有术语，在黑格尔那里世界历史就是世界精神的发展过程。试想下，当现实中

叔本华

Arthur Schopenhauer（1788—1860）

黑格尔手下败将的叔本华看到黑格尔的"世界精神"向自己摇尾乞怜，虚荣心终于能在 YY（意淫）中得到一番满足。

叔本华 30 岁就写出了《作为意志和表象的世界》，写完后，他出门旅了个游，内心焦灼不安地等待着大家的赞美或是批评，可悲剧的是，竟然没人搭理他，他的书完全卖不动，最后都贡献给村头厕所当手纸了。其实，我知道有很多人喜欢叔本华的悲剧哲学观，倒不是因为他们个个命运多舛感同身受，主要是他们太闲了，日子太平淡于是就有了大把时间和精力可以去抱怨生活，少年不识愁滋味，为赋新词强说愁呗。除此之外，大家喜欢叔本华，是因为《作为意志和表象的世界》这本哲学书，难得大家都能看懂。这本哲学书里没有康德学究式的概念，没有黑格尔的晦涩文笔，没有斯宾诺莎的高深几何学方法，它风格清晰明了，偶尔还有个小幽默，全文都紧凑地围绕着一个主题，那就是："世界的本质是意志，人生就是斗争，就是一部悲剧的苦难史！"

我建议喜欢哲学的孩纸们，千万别错过《作为意志和表象的世界》，看完此书，你会内力大增。比方说，情人节到了，你妹纸撅起樱桃小嘴向你抱怨："隔壁实验室的女生，情人节收到男朋友送的 200 欧的包，你送我 200 欧的电阻，你一点也不爱我。"这时，你就要气定神闲地回答："来，妹纸，听哥给你讲讲什么是表象什么是意志吧！"《作为意志和表象的世界》

中的"Vorstellung"被翻译为"表象"英文为"representation"，其实，这个词在德语里还有"剧本"和"歌剧表演"的意思，英文的翻译不是那么精准。叔本华认为印度教的概念"摩耶（maya）之幕"即"幻想之幕"才最符合他的原意，而"意志"与"梵天"最为匹配。《作为意志和表象的世界》开篇第一句就是："世界是我的表象。"在叔本华看来，整个世界首先是作为人类的印象而存在，对人而言，直接存在的不是这些事物本身，而是人们对事物的印象，花非花，雾非雾，人们从来没有真正了解花与雾。然而，在所有的表象之后，还有另外一种东西，这个东西老宅男康德称之为"物自体"，"现象"能为人所感知，而"物自体"不依赖人的意识而独立存在。叔本华进一步指出，这种"物自体"就是"意志"，"所有生物都依赖它而出生，依赖它而生活，伴随它直到死亡，直到他们加快步伐"。这世间的万事万物都是意志的客体化，好比牙齿食道肠子是客体化的饥饿，生殖器官是客体化的性欲，意志总要把自己表现为可见的世界。

　　叔本华进一步指出世界就是意志，所以它充满痛苦和狰狞。意志即是欲望，欲望总是沟壑难填。一个欲望倒下去，十个欲望站了起来。娶了红玫瑰，白玫瑰成了床前明月光，红玫瑰沦为墙头一抹蚊子血；娶了白玫瑰，红玫瑰成了心头一颗朱砂痣，白玫瑰沦为一粒饭渣子。鱼与熊掌不可兼得，范冰冰与李冰冰不能同娶，欲望永远不能满足，意志永远是饥渴的意志。对于人生，痛苦就是基本刺激，而快乐无非是痛苦的暂时中断，如果你此刻没有被痛苦所包围，那很快无聊就会侵入。好比我们一开学就痛苦，一放假就无聊，"人生犹如钟摆，摇摆在痛苦和无聊之间"。

如果你的痛苦比别人多，不是因为你感情丰富悲天悯人，是因为你比别人聪明。"最低等的生命能感受到很小程度的痛苦……一个人越是有智慧，他的痛苦就越多。"草履虫不怎么痛苦，是因为它感官系统还有待进化，而聪明人总是见多识广举一反三触类旁通，他们记忆力强，对痛苦的感受比一般人多，所以，天才其实最痛苦！

人生说到底，就是斗争！自然界弱肉强食，每个物种都在为物质空间时间而战，螳螂捕蝉，自有黄雀在后；而人世间，也充满着倾轧冲突，于是就有了那么多的战场牢房刑场。既然人生就是意志，意志就是斗争，意志就是痛苦，那如何消解痛苦，摆脱意志呢？叔本华提出了两条道路：一是通过艺术审美来暂时遗忘痛苦；二是通过理论和行动彻底摆脱痛苦。在意志和表象之间有一个中介：理念，而认识理念世界的方式就是艺术。通过艺术审美，人类会暂时忘掉个体的物质利益，把心灵上升到对真理的无意志高度，艺术通过瞬间表现永恒和普遍来减轻人生的痛苦，在艺术的诸多表现形式中，音乐首推第一。音乐直接复制意志，它是意志的直接写照："音乐绝不是表现现象，而只是表现一切现象的内在本质，只表现意志本身。"叔本华的音乐观后来深深影响了瓦格纳和尼采。

艺术对痛苦的消除，犹如一颗止痛片，药效有限；要彻底消除痛苦，还得通过理论和行动。在理论上，意志就是欲望，欲望引起苦难，只有扼杀欲望，提倡禁欲主义，才能否定意志。禁欲就要做到不近女色千金散尽，印度教中苦行僧就是对生命意志的彻底否定。在行动上，我们要学会同情和博爱，既然世间万物都统一于意志，那万物之间就应该消除界限，正所谓落地皆兄弟，何必骨肉亲？我们要同情所有生命中的苦难，把一切生命的痛苦看作是自己的痛苦。

叔本华的唯意志论其实就是三种理论的混合物：柏拉图的理念论、康德的"物自体"理论与印度佛教的智慧。西方哲学从苏格拉底开始，就提倡理性，黑格尔将理性主义推向了极致。在讲究理性主义的西方哲学界，叔本华的唯意志论甫一出场，根本得不到任何重视。然而，1848年欧洲革命失败后，人们的价值观幻灭了，理性主义灰飞烟灭，绝望和忧郁的唯意志论闪亮登场，哲学开始在理性背后发现本能，发现欲望，一种崭新的哲学精神终于登上了历史舞台。

让叔本华这么晚出场，其实我有私心。试想，他老人家要是学期末出场，那时的你我正被期末考试折磨得死去活来。倘若你感觉一学期碌碌无为必定要挂科，又感慨世之多艰要过年了还是没钱没妹纸（妹子），你此时要是心理脆弱点，信了叔本华的忽悠，没事干跳跳楼投投湖耍耍刀子，多少人得跟着你心惊胆战啊。尽管叔本华本人反对自杀，但受叔本华悲观哲学的影响，自杀的人太多了。如果各位真的认定人生就是悲剧，那不妨像我一样学马克思吧，马克思会告诉你，悲剧的根源不在于意志不在于欲望，问题的本质要回归到经济历史阶级层面上：不是妹纸太物质，不是高富帅太霸道，是爱情抵不住资本的诱惑，早已异化了。

当然，你也会说："滚丫的马克思，老子挂的科就是马哲，一提到马克思就想吐。"如果真是这样，我啥也不多说了，含泪推荐你转投尼采门下吧。尼采一定会摇头晃脑地说：

　　哼，

　　悲剧又何妨？

　　哥就是小强。

　　想要消灭哥，

　　门都不要想！

　　妹纸不听话，

　　鞭子抽得响！（尼采名句"是去找女人吗？别忘了带上你的鞭子"。）

尽管尼采和叔本华都认为人生就是悲剧，但二者解决问题的方法却不一样，叔本华诉诸消灭意志，尼采诉诸强力意志，与天斗与地斗其乐无穷！于是，老舍那么个老实厚道人，因为叔本华的消灭意志，一不小心连肉身都消灭了，他投湖了；周家老大鲁迅，无论面相还是文风都深深弥漫着悲观倾向，可人家因为读了尼采，不再为难自己，转而为难他人：骂梁实秋、骂胡适、骂林语堂，我骂你，你更红了，我也紫了。

如果尼采也满足不了你，你依旧对叔本华情深义重，依旧讨厌这个悲剧的人生依旧想自杀，那我友情建议你把架在脖子上的明晃晃的刀，往下挪一点吧，对，再往下。好的，那里，就是那里了。好了，你可以尽情挥刀了。从此以后，你身残志坚，但你拥有了独一无二的机会：身体力行地去钻研另外一部探讨人的意志和行为关系的哲学旷世巨作——《葵花宝典》。

叔本华一辈子活得很辛苦，除了嘴巴毒舌不招人待见外，他还是严重自恋症和被迫害妄想症患者。叔本华讨厌所有人，唯独爱自己，只要自己做不成的事，那都是别人的错，黑格尔费希特比我红，那是因为他们是骗子；我的书卖不出去，那是因为别人看不懂。叔本华永远刚愎自用骄傲自负，有着一个接一个的理由为自己开脱。被迫害妄想症患者叔本华还觉得世界上所有人都有可能谋杀自己，他时时处处提防着他人：睡觉时枕头边必定有一把匕首或者手枪；理发时坚决不让理发师的剃刀靠近自己的喉咙；值钱东西全部藏好，这个藏到书里，那个藏到墨水瓶里，所以叔本华死后不仅为后人留下无穷无尽的哲学精神宝藏，还留下了一封用拉丁文写的财产藏宝图。

皇天不负有心人，叔本华的惜命如金终于起到了效果，1831 年，柏林鼠疫肆虐，叔本华的死对头黑格尔不幸染上鼠疫，不治身亡。叔本华因为跑得快逃过此劫。大难不死，必有后福。叔本华在黑格尔死后不久，渐渐开始走红起来，多年的媳妇终于熬成了婆！

通过学习黑格尔和叔本华的斗争史，我们可以轻松地得出一个结论：想当大师，一定要满足以下两个条件：

充分条件：有一定的学问；

必要条件：活得长。等知道你底细的人全部挂了，你就掌握话语权成大师了。

1860 年 9 月 21 日，毒舌男叔本华在吃完早饭后，安静并永远地闭上了嘴巴。他这一辈子在某种意义上很幸福：继承了大笔遗产可以心无旁骛地搞哲学，虽说垂垂老矣才声名鹊起，但到底还是获得了"大师"的称号，生时就被世人敬仰。然而，叔本华这一辈子在某种意义上又很不幸福：没老婆，没孩子，没家庭，没朋友，有妈等于没妈，舅舅不疼姥姥不爱，人缘极差。

尽管叔本华的一生落落寡合、神经敏感、乖戾暴躁、爱吵爱跳，不招人待见，可他在我心里，其实就是一个小孩，一个没有长大的小孩，一辈子缺的都是：爱。

Rene Descartes

胆小鬼
笛卡尔

Rene Descartes
(1596–1650)

伟大的哲学家笛卡尔是累死的；

伟大的哲学家笛卡尔是累死在一位名女人手上的；

那位女人芳名：克丽斯蒂娜，瑞典女王。

如果瑞典中央电视台有《感动瑞典》节目，那笛卡尔同志一定会在此节目上被授予"感动瑞典十大杰出人物"之"人民的哲学家，女王的好家教"等荣誉称号。

其颁奖词为：从数学到哲学，从几何坐标系到"普遍怀疑"，从《方法论》到《哲学原理》，从法国到瑞典，五十四载春秋风华，一遇女王香消玉殒，他思故他在，他就是近代哲学的掌门人——笛卡尔。

笛卡尔同志的光辉事迹被全球媒体大肆渲染，传遍了世界的每一个角落，感动了无数哲学粉丝，却令其他哲学家心生不忿，其中罗素和萨特纷纷表示不满，于是向组委会提出申诉：哥经常上几百人的大课，经常搞万人演讲都没被颁奖，这厮不过就是教了几天哲学课，还是小班制一对一面授，怎么就被评为劳模了？

对此，组委会的回复是：你要是死了，我们明天就颁奖给你。

罗素和萨特于是堵在组委会大道上，抗议裁判的不公正待遇，号啕大哭，导致后续比赛延后 1 小时举行。组委会在不得已之下，授予罗素和萨特"哲学精神特别奖"。不过话说回来，这种给女王当家教的好差事，为什么就能把笛卡尔活活累死？这事我们还要从头讲起。①

笛卡尔是个早产儿，他先天不足，能活下来基本就是个奇迹。于是，在他成长的过程中，当别的小儿郎背着书包上学堂时，笛卡尔躺在床上睡觉；当别的小儿郎背着书包下学堂时，笛卡尔依旧躺在床上睡觉，因为身体孱弱，笛卡尔得到了早自习和晚自习的豁免权，于是乎，他一天中大多数的时间都是在床上度过的，并一辈子乐此不疲。恋床癖患者笛卡尔在温暖舒适的床上，被滋生出无数灵感。比方说我们都知道的，他躺在床上一抬头看到屋顶墙角蜘蛛在织网，于是受启发遂创立了笛卡尔几何坐标系；再比方说他躺在床上太久一会儿做梦一会儿清醒，似梦非梦，似虚还实，怎样区别梦境还是现实？于是他又提出了大名鼎鼎的"我思故我在"。

所以，当喜欢温暖的笛卡尔到了瑞典，斯德哥尔摩的严寒立刻让他哆嗦得吃不消了，加之尊贵的女王殿下偏又喜欢早上五点起床听哲学课，于是可怜的笛卡尔最后连恋床和睡懒觉的优良习惯都无法保持下去。四个月后，笛卡尔终于累倒了，他被诊断为肺炎，很快就一命呜呼了。

谈起哲学家笛卡尔，我们中国学生普遍耳熟能详，因为他

---

① 笛卡尔与罗素、萨特并不在同一时代，此处为虚构。

在我们中学政治课里上镜率极高。比方说：下面哪句哲学命题
体现了西方主观唯心主义的观点：

　　A.人是人妈生的，妖是妖妈生的

　　B.吾爱吾师，吾更爱真理

　　C.我思故我在

　　D.风动？幡动？仁者心动

　　官方正确答案：C

什么？有同学提出质疑，D也是主观唯心主义的观点。

拜托，请认真审题，是西方！D是慧能说的。

而实际上，这道题并没有正确答案。

笛卡尔的"我思故我在"在中学政治课里被简单粗暴地归
结为"主观唯心主义"，老师会告诉你，因为"我思考所以我
存在"非常片面，反驳的例子也可以随手拈来：植物人、机器
人虽然不思考，可不是也存在吗？

如果笛卡尔的这句哲学命题这么容易就被人驳倒了，那他
的近代哲学开山鼻祖的地位就是吹出来的。然而，笛卡尔在哲
学史上的地位非常之高，和他同时代的哲学家培根、霍布斯、
伽利略、斯宾诺莎都无法与他相提并论。正所谓熟知不等于真
知，笛卡尔的"我思故我在"的含义十个人里有九个人都没有
真正明白，这句命题不是"我思考所以我存在"那么简单，也
不涉及唯心主义、唯物主义。这句命题本是个认识论命题，笛

Rene Descartes

笛卡尔
Rene Descartes（1596–1650）

卡尔本人也不是主观唯心主义哲学家，他是一个强调精神和物质都是独立实体，且并存独立的"二元论"观点持有者。中学政治课本里给某一个哲学家"贴标签"的做法的确太简单粗暴、断章取义了。我们不能为了衬托"唯物主义"的高贵形象，就非要将"唯心主义"刻画成瑕疵纰漏明显，令人嗤之以鼻的傻丑憨。

"唯物主义"与"唯心主义"早已不是简单的孰是"好人"孰是"坏人"的三岁小儿之争。殊不知，某些简单粗陋的唯物主义有时还不及精致的唯心主义对人类社会更有用些，列宁说："聪明的唯心主义比愚蠢的唯物主义更接近于唯物主义。"另外，再容我客观地说一句，推动人类哲学史发展的，其实更多的是唯心主义哲学。

言归正传，我们该如何正确理解笛卡尔的"我思故我在"呢？先看两个问题吧。

问题一：看过电影《盗梦空间》的人都知道，有时梦境和现实无法区分，在没有 Cobb 拥有的旋转小陀螺的情况下，如何证明你我现在正在经历的一切是现实而不是梦境呢？

问题二：看过电影《楚门的世界》的人都知道，有时真实生活和真人秀场无法辨别，如何证明你我现在的生活是真实，而不是像 Trumen 那样正在经历一场业已被安排好的秀场？

笛卡尔的"我思故我在"正好回答了这两个问题。像笛卡尔一样经常喜欢赖床的人都有过类似的感觉，觉睡得多了，就似乎分不清哪个是太虚幻境哪个是真实人生了，笛卡尔纠结一番并擦掉眼屎后，终于找到了问题的答案，即用"普遍怀疑"来证明我的存在。"我思故我在"法语为"Je pense, donc je suis"，"思"翻译为"怀疑"更加准确。意思是：当我怀疑一切事物都是虚假的时候，那么正在进行怀疑的思维主体"我"必然可以确定是实际存在着的。也就是说，我可以怀疑一切事物，但"我在怀疑"却不容怀疑。

笛卡尔的"我在怀疑"并不仅仅是对具体事物的怀疑，而是要对整个人类、对世界、对上帝的绝对怀疑。通过绝对怀疑，引导出不容置疑的哲学原则"我思故我在"。"我思故我在"正是笛卡尔哲学的第一原理，他的独门秘籍，笛卡尔的哲学历程由此拉开序幕。

这时，问题来了。如何从"我思"证明或者推断出"我在"？

"我思"只能证明我思维的存在，却不能证明我肉身的存在呀？没错，如果你能提出这个问题，那么，恭喜你，你已经真正理解了笛卡尔的这个命题。笛卡尔的"我在"并不指我肉体的存在，而是指我精神的存在、心灵的存在。也就是说，我可以怀疑我的肉体存在或者怀疑有我生活的真实物质世界的存在，但我不能怀疑我的怀疑存在。

从"我思"到"我在"，我们看到，在笛卡尔那里，思维的主体"我"不可能是别的，只能是一个正在思维、在怀疑、在思考、在肯定、在否定的东西，"我"没有形体，没有物理肉身，我的存在只是我心灵的存在。笛卡尔是哲学史上著名的"身心二元论"代表，在他的世界里，有两个独立的实体：身体和心灵。身体的性质是广延，心灵的性质是思想，世界就是这样一种二元世界。而人的身心之间之所以能够作用，笛卡尔认为存在"上帝"和"松果腺"两个中介。"松果腺"是解剖尸体时在人脑袋中发现的东西，这个东西就是相距遥远的身体和心灵交流时需要的媒介。

　　笛卡尔拿着他的"普遍怀疑"哲学武器，在确立了心灵的存在和身体的存在后，紧接着，他就要确立上帝的存在了。笛卡尔论证道，当"我在怀疑"时，就意识到了我自身存在的不完美，因为之所以怀疑正是因为认识上的不完美，我的不完美恰恰是相对于上帝的完美而言的。那么，完美的上帝观念来自于哪里呢？我作为有限的观念和不完美的存在物自然是不能产生上帝这个完美的观念，那么这个观念一定是一个完美的东西也就是上帝置于我脑中的，综上所述，上帝必然存在。

　　罗素在《西方哲学史》中形容笛卡尔"懦弱胆小"，没错，笛卡尔正是一个胆小鬼。他幼年体弱，恋床无比，自然苍白慵懒。成年后的他谨慎小心，循规蹈矩，他总是一身黑衣，外出不忘套上棉长袜御寒。他给自己制定了几项行为守则："服从我国的法律和习俗，笃守我靠神保佑从小就领会的宗教，在其他一切事情上以周围最明智的人为榜样，遵奉他们在实践上一致接受的那些最合乎中道、最不走极端的意见，来约束自己。""永远只求克服自己，不求克服命运，只求改变自己的愿望，不求改变世间的秩序。"笛卡尔曾写了《宇宙论》来论证地球是运动的，宇宙是无限的，可他总忘不了布鲁诺当年曾被火刑伺候，所以当他刚一听到伽利略也被宗教裁判所的领导喊去喝咖啡时，他立刻紧张无比地取消了此书的出版。尽管笛卡尔一辈子小心翼翼，笃信上帝，不离经叛道，可上帝依旧不买他的账。笛卡尔死后十三年，他的著作被罗马天主教会列为禁书。

笛卡尔一辈子唯一一次放纵自己就是在巴黎游玩时，他那时刚刚告别家里的温暖大床去认识世界，到了浮华绮丽的巴黎，就结识了一堆有钱公子哥，开始了每天在巴黎红灯区流连忘返，筵席不断，豪赌频繁的生活。不过幼年时良好的教育和对学术的向往使他很快厌倦了这种徒掷年华、放荡乏味的醺醺大醉，他决定去参军修行。别人参军强身健体，建功立业，笛卡尔参军是觉得军队的清规戒律生活很不错，而且不易被之前那些酒肉朋友打扰。于是乎，他成了一名不领津贴、不上战场、不做勤务的文职士兵。不知道笛卡尔是没有国家操守感，还是过早地拥有了欧盟意识，反正两年里他一个法国人先后当过荷兰兵、巴伐利亚兵、匈牙利兵。33 岁时，笛卡尔开始蛰伏荷兰，隐遁乡野，为了不让昔日的狐朋狗友找到他，他东躲西藏，狡兔多窟，先后换过 13 个城镇，有过 24 处住房。

笛卡尔，这位胆小怕事，无论是在生活上还是在精神上一点都不"英雄"的哲学家，却被黑格尔推崇为"哲学史上了不起的英雄"。黑格尔曾说："从笛卡尔起，哲学一下转入了一个完全不同的范围，一个完全不同的观点。"挑剔的黑格尔和喜欢损人的罗素，面对笛卡尔，他二人都厚道起来："笛卡尔是近代哲学的始祖。"笛卡尔究竟做了什么丰功伟绩，如此哲学青史留名呢？

因为，在笛卡尔的引领下，哲学开始了一场轰轰烈烈的"认识论转向"。

在此之前，古代的哲学家苦恼于"世界是什么"的本体论研究，中世纪的经院哲学家纠结于"唯名论"与"实在论"之争，到了笛卡尔为首的这一辈哲学家，他们开始意识到，问题不在于唯名论的"个别"与实在论的"共相"究竟哪个才是实在，而是人们怎样做才能真正地把握实在。就好比你我小时候，总是天真地相信世界就是我们的眼见与耳闻，长大后，我们眼界开阔，发现课本上所讲的与现实并不一致，眼睛有时也会欺骗自己，于是我们开始总结思考，反思究竟如何才能获得正确的认识。

从满足于认识到了"什么"到怎样才能获得正确的认识，这个就是近代哲学的"认识论转向"。而"如何获得正确的认识"正是近代哲学史上一次轰动的到目前为止都没有分出胜负的著名辩论赛：

欢迎大家收看由罗马天主教会冠名播出的《欧洲哲学家辩论赛》。

正方陈词：一切知识来源于理性。比方说，三角形内角之和等于 180° 就是清楚明晰，绝对可靠的先天理性知识。我们追求的是普遍必然的真理，而这种真理是"天赋观念"。也就是说，是我们人一生下来就具有的，是上帝赋予我们的先天观念和知识，认识事物的方法就是演绎法，即从简单的观念原则演绎出人类的整个知识。知识怎么可能来源于经验？听说对方队长沉迷于实验，大冷天跑到雪地里试图研究冷冻术，往鸡肚子里塞雪，后不幸染上风寒，不幸牺牲，我方表示十分遗憾。再次提醒电视机前的观众朋友：珍爱生命，远离实验。因为，人类的一切知识都是"天赋"的。

反方陈词：报告主席，对方辩友进行人身攻击，实在有失风度。不过对方队长也好不到哪儿去，一个大老爷们成天赖床不起坐月子，身子骨都那样了，还敢和瑞典女王闹绯闻博版面……

主席大惊：素质，素质，注意素质。

反方继续：我方认为，人类的一切知识来源于经验，得到知识的方法就是科学的归纳法，正是经验材料刺激人的感官才能在人的头脑中形成认识，而检验认识是否正确就要看内心的知识和外界的实在是否一致。我方队长在世时，曾提出"四假象说"，即"种族假象""洞穴假象""市场假象""剧场假象"。这四种假象正是人们正确认识事物道路上的拦路虎，故而我方队长提出要重视科学实验，观察自然，取得感觉经验，然后逐步归纳出公理原则，达到普遍真理。

......

其实，经验论与唯理论的纷争可以用一个荼毒所有中国文科生和考研学生已久的十分恶毒又恶俗的题目来概括，那就是：试论感性认识和理性认识在认识中的作用及其相互关系。这个辩论赛最终没有分出胜负，直到很久之后老宅男康德上场和了稀泥，康德写了本《纯粹理性批判》，没有解决问题，但最终折中调和了唯理论与经验论。

笛卡尔生活在 17 世纪，那个时期是人类文明史上的智力期。有识之人风云突起，人类群星闪耀：笛卡尔、霍布斯、培根、伽桑狄、斯宾诺莎、洛克、帕斯卡尔……笛卡尔能在众多哲学家中脱颖而出，独领风骚，成为那个时代的宠儿，正是因为笛卡尔成了一个先锋，整整铺陈了一个哲学时代。

1650 年 2 月的一个清晨，给女王讲课累倒的笛卡尔因为生物钟使然，突然又睁开了眼睛："现在几点了？"仆人回答："四点了。"笛卡尔挣扎着坐了起来，刚说了句"该起床给女王讲课了"，就又倒下了。然后，他呢喃着说完了此生最后一句话："灵魂该上路了。"笛卡尔死后，一种强调"我"的主观性与自我力量，一种强调"思"的理论价值的哲学时代也开始上路了。哲学，向着近代哲学，大风乍起。

Martin Heidegger.

海德格尔：
农夫、山泉、有点田

Martin Heidegger
（1889–1976）

"20世纪的哲学史是刺猬与狐狸的历史，是那些努力想认识一件大事物的哲学家与那些只满足于认识许多小事物，甚或只是一件小事物的哲学家的历史。"

——怀特《分析的时代》

多瑙河静谧地流入大海；

黑森林在薄暮中愈发凝重；

托特瑙山的羊肠小道盘旋曲折；

斜光墟落，鸡栖于埘，牧人驱犊返，猎马带禽归；

姑娘牵挂小伙，吟着：式微，式微，胡不归？

野老念着牧童，倚杖候于荆扉。

田园派哲学家海德格尔即此羡闲逸，怅然写下《存在与时间》。

其实，一切像极了旧式小说：穷书生天资聪颖，遇见恩师挚友，奋发自强，终于功名在手，声名鹊起，后娶妻生子成为教授，一切顺然，直到邂逅富家女学生。他二人，一个是中年才子才华横溢，一个是绿衣美人娇俏可人，试问开辟鸿蒙，谁为情种？都只为风月情浓。中年男子遭遇爱情，立刻被爱情狠狠撞了一下腰。师生情迅速升级为师生恋，干柴烈火，一发不可收拾：鸿雁飞信用密码写，约会偷情按步骤来：门敲三下灯关两下。很不幸的是，这份郎情妾意很快湘江水逝楚云飞，穷书生为了得来不易的功名利禄抛弃了女学生，并为了更高的利益沦为恶势力的鹰爪，他背叛师门，与挚友割席断交。小说最后陟罚臧否，当然是恶势力遭到围剿，惩善扬恶，穷书生幡然悔悟，恩师挚友情人也大度地原谅他，一幅港式大结局的温馨团圆画面，临了别忘了最后一句台词："呐，做人呢，最要紧的就是开心。"

穷书生———海德格尔饰

女学生———汉娜·阿伦特饰

恩师———胡塞尔饰（现象学大师）

挚友———雅斯贝尔斯饰（代表作《历史的起源与目标》）

恶势力———阿道夫·希特勒饰（友情客串）

关于海德格尔和汉娜·阿伦特的爱情，我在哲学帖《美女、才女、痴情女：汉娜·阿伦特》篇，曾站在女性主义角度给予了诠释。在哲学帖《海德格尔：农夫、山泉、有点田》中，我更想说的是，这场爱情不仅仅只是一对迷途男女的师生恋，它早已升华为哲学史上一次著名的哲学爱情事件。

海德格尔是一个来自农村的孩子，如果他活在今天，人们会亲切地称呼他为"凤凰男"。当这个脸上挂着两坨高原红，脚底黏着黑森林泥土的芬芳，从小因参加劳动而肌肉发达，穿着打扮极度具有城乡结合部特色的土包子初次踏入德国那高雅文明的哲学圈子时，又有谁曾料到，这个山沟沟里出来的乡巴佬，有一天会撼动整个德国哲学界，成为自黑格尔之后，德国哲学史上最伟大的转折点。他的《存在与时间》尽管艰深晦涩，却承上启下，继往开来，成为念天地之悠悠，独怆然而涕下的一本伟大的思想深刻的旷世哲学著作。

人类的哲学其实是桃园结义的三兄弟，这三兄弟的名字分别叫作：本体论、认识论、伦理学。其中大哥本体论就是研究世界是由什么构成的。高中政治课上，老师会告诉你："世界的本质是物质，桌子大树苹果都是物质，它们都由分子原子组成。"于是，那堂课后，我们中的很多人立刻成长为一个不信任何鬼怪神灵的唯物主义者，尽管我本人也是一个坚定的唯物主义者，但那时的我，却很认真地向老师提出了疑问："老师，那物质又是什么？苹果桌子的原子、分子借助工具都可以看得见，但物质这个东西却看不见摸不着，物质是抽象的概念，但概念属于意识呀，那世界岂不是由意识构成？"我的政治老师淡定地给了我答复，他没有直接回答我的问题，仅仅用一个反问句就结束了我所有的疑问：

"××同学，我上次布置的政治作业你为什么还不交？"

其实孩提时代的我们天生就是一个哲学家，我们对生死、天空、月亮、星辰、蚂蚁打架、仙人掌开花，都充满了好奇和疑虑，我们觉得世界充满了魔法与奇迹。然后，我们一天天长大，直到我们开始拒绝童话，直到大人用约定俗成的规矩开始灌输我们，直到教条刻板的政治课开始扼杀我们所有灵动的思维，直到我们对"为什么"再也提不起兴趣，直到……

直到我们也变成大人。

值得庆幸的是，那时候，在我即将沉沦为冷漠的大人之

Martin Heidegger.

海德格尔
Martin Heidegger（1889—1976）

际，我幸运地遇见了海德格尔的《存在与时间》，高中老师没答复我的问题，海德格尔一股脑地答复了我，并且充满诗意。海德格尔的《存在与时间》是一本告诉大家"存在是什么"的哲学书。存在问题，即"being"问题，从哲学诞生之日起，就令哲学家们魂牵梦萦。一部哲学史，就是一部 being 史，从泰勒斯认为世界的本原是水，赫拉克利特认为是火，毕达哥拉斯认为是数，再到苏格拉底的"一般"，柏拉图的"理念"，亚里士多德的"实体"，存在问题越来越演变成："存在是什么？"当每一个哲学家都眉头紧蹙搜肠挖肚地想找出存在是"什么"，试图找到一个本体来解释存在时，存在本身却遭人冷落了。

海德格尔的"存在"，德文是"Sein"，这个词在英文中被翻译为"being"，中文又将它译为"存在"，其实"Sein"不仅仅是存在的意思，它还有"是""有"的意思，将它翻译为"是"更加准确。在海德格尔看来，所谓的"存在"是水是火是实体，都混淆了一个概念："存在"与"存在者"。水火都是存在者，但不是存在。就如我手中拿着一个东西，我告诉你这个东西叫"书"，你于是可以说这个东西存在，但我进一步问你这个存在又是什么呢？你就难为情地回答不上来了。我们能捕捉到存在者，却捕捉不到存在，正所谓"道可道，非常道；名可名，非常名"。"存在"的意义就是一个过程，就是一个动词"是"，而"存在者"是一个名词实体。哲学的目的应该是追问存在者的存在，为什么存在？怎样存在？而不是苦苦纠结于"存在是什么"？在海德格尔看来，"存在"与"存在者"，"是"与"是什么"的混淆，使得哲学史就是一部"存在"不断被遮蔽的历史，冷淡"存在"，过分亲热"存在者"，哲学早已误入歧途。海德格尔这一思想后来被法国一个叫萨特的人继承地发展，这家伙提出了一个名叫"存在先于本质"的命题，又写了几本关于存在主义的小说剧本，竟然风靡一时，后来连诺贝尔文学奖也主动向他示好。不料，萨特竟然鼻孔朝天地拒了人家。

花鸟鱼虫、飞禽走兽、木石山林，尽管存在，但它们从未意识到自己的存在，存在的意义不仅仅是能够成为存在者，而是"为存在本身而存在"，这个意义只能在人的身上显现出来。海德格尔专门给人起了个名字"Dasein"，中文名叫"此在"。我们先在此简单地回顾下关于人的哲学史吧：

ID：女娲（女神，干嘛呵呵去洗澡）：人是我用泥捏出来的。

ID：柏拉图（想出柜了）：人是没有羽毛的两足动物。

ID：第欧根尼（犬儒帮九袋长老）：楼上，哥家冰箱里有只褪了毛的鸡，这就是人？

ID：亚里士多德（吾爱吾老师，吾更爱真理）：人其实是理性的动物，ISS 我爱你，耶！

ID：培根（我不是腊肉）：人是万事万物的中心，是世界之轴。

ID：马克思（信用卡又刷爆了，恩格斯快救我）：人的本质是社会关系的总和。

ID：叔本华（我家狗狗"世界精神"终于不掉毛了）：人的本质是欲望，咦，黑格尔人呢？好久没骂他了。

ID：卡西尔（哲学人类学有点意思）：我弱弱地说一句，人是符号的动物吧。

ID：海德格尔（仰视元首希特勒的手）：人就是"此在"。

在海德格尔看来，要理解《存在与时间》，必须先理解"此在"，也就是理解人，因为只有人能决定自己的存在，知道自己何去何从。人不仅关心自己的存在，也关心其他存在物的存在。"此在"通过存在者的三种存在方式，将世界密密麻麻地展开，勾勒。这三种存在方式分别是"工具的在""现有的东西的在""世界的在"。举个例子，人需要穿衣，制造衣服需要针线等工具原料，这些工具就是"工具的在"；紧接着，衣服又会引出棉花，棉花就属于"现有的东西的在"；而棉花又会引出大地、土壤、河流、天空，于是引出"世界的在"。

电影《被嫌弃的松子的一生》的一句台词"生而为人，对不起"，不禁让我恻然有所感。人生在世，善恶、真假、美丑、生死，永无间歇地搏斗，而人的本性就是"畏"与"烦"。"畏"（Angst），不是一般意义上的畏惧害怕某个东西，抑或畏惧某个关系网会产生的结果，而是畏惧"畏惧者就在这个世界之中"。说白了，畏毫无对象，漫无目的，是一种无名恐惧。人在畏面前，一片空无，正是因为人作为时间性的存在者随时随地都可以死去，畏才使生存在死亡面前披荆斩棘，杀出一条血路。"烦"（Sorge），又被译为"操心"，人们活在世上，与物打交道叫作"烦忙"，与他人打交道叫作"烦神"，在烦忙烦神这一过程中，人总是容易失去自己的个性，有人开始迷失失落，有人变得千人一面人云亦云，人们开始丧失自己的本身，开始"沉沦"，沉沦为一个毫无特点的单面人。海德格尔的这一思想后来又被萨特继承地发展，提出了"他人即地狱"的著名论断。

人以"沉沦"的方式存在着，胆怯懦弱逃避，似乎沉沦为"常人"就能找到他们的"家园"，就能躲开恐惧。殊不知，人上穷碧落下黄泉，都逃脱不了畏惧的追打。人到底要死，但生存的意义正是"向死而生"，死亡的可能性唤起了生存的真正意义。人的超越性使得人能够通过对死亡的领悟而通向本真。

因为生，人走向沉沦；

因为死，人走向澄明。

桃花谢了春红，太匆匆，无奈朝来寒雨晚来风。《匆匆》里说："洗手吃饭默默时，日子就溜过去了。"小沈阳说："眼睛一睁一闭，一天过去了；眼睛一闭不睁，一生就过去了。"海德格尔说："此在的存在即时间性。"传统的时间观认为：时间游离于人的生存之外，由过去，现在，未来三重解构组成。过去是已经发生了的现在，未来是尚未发生的现在，时间是一个线性的流逝过程。而海德格尔却认为真正的时间不是过去现在未来依次交替的线性过程，而是不分过去现在未来的一种循环。在海德格尔那里，过去、现在、未来被叫作"曾在""当前""将在"。人并不是作为现成的存在者而存在，人没有事先定义好本质，人总是不断地选择、创造、超越自我，故而人的本质正是他一辈子生生不息所作所为的总和。"曾在""当前""将在"三者的牵引，使得人这个此在因为存在，而成为曾在。人生当应"寄蜉蝣于天地，渺沧海之一粟，携飞仙之遨游，抱明月而长终"。真正的时间并不在乎长短，一瞬间即可以澄明一段人生。

的确，人面不知何处去，桃花依旧笑春风。

咫尺，天涯。

瞬间，永恒。

至此，海德格尔将时间与存在融为一体，完成了他那本思维广袤深邃，遣词造句变幻莫测，语言独特晦涩的20世纪划时代的哲学著作《存在与时间》。

因为纳粹事件，晚期的海德格尔隐居在黑森林的小木屋内，深居简出。人初静，月初吐，荏苒盈虚，澄澄今古，海德格尔终于回归大地，解脱精神，摆脱牢笼，开始试图为自己、为哲学找到一个宁静的"家园"。他开始用"思"和"诗"来代替对"此在存在"的分析，用"语言是存在的家"来取代"时间本身就是存在的境遇"。他提出了"诗人哲学家"，人类应该艺术地生存，而不是技术地生存，并借用荷尔德林的诗来告诉大家"人，诗意地栖居吧"。

对于海德格尔，我总是很难用一个定语去修饰他。也许，海德格尔有先见之明，他担心自己一生的种种劣迹会遭人诟病，于是，他在讲课时，对哲学家的生平显示出极度冷漠。他在课上讲亚里士多德，就一句话："亚里士多德出生，工作，然后死去。"委实，作为一个自然人，海德格尔是彻头彻尾的卢瑟，当他向纳粹投怀送抱的那一刻，他被人唾骂的下场早已注定。尽管从海德格尔的生平来看，我们能理解农民气质的他，对土地的热爱会很容易成为狭隘的民族主义者。又或者，如海德格尔的门徒为他辩护的那样：海德格尔一介书生不懂政治；海德格尔当纳粹大学的校长也是为了不让别的纳粹分子成为校长；海德格尔当校长是为了推行他的哲学主张；等等。无论这样的借口还有多少，然而海德格尔为了利益，投靠纳粹助纣为虐，在危难中弃自己的犹太老师胡塞尔、犹太恋人汉娜·阿伦特、朋友雅斯贝尔斯于不顾，我们就可以看出，海德格尔的确不是一个高尚的人，没错，他是一个小人。

尽管自然人海德格尔臭名昭著，但哲学人海德格尔却令人动容，他早期走出神学的牢笼，研究哲学；中期被纳粹抛弃后，爱上浪漫诗人荷尔德林的诗；晚期隐居在云深不知处的黑森林里研究咱们老子的《道德经》，海德格尔人生的每一阶段都散发着思者的智慧，所向披靡，于是你不会再诧异为何富小姐汉娜·阿伦特会爱上这个大老粗。海德格尔在哲学史上的地位非常之高，他承上继承了尼采、叔本华的悲观主义哲学路线，又启下了汉娜·阿伦特、伽达默尔、马尔库塞等一批自己的学生。福柯曾说过，海德格尔是对自己自始至终最重要的一位哲学家，他的哲学发展全是拜海德格尔所赐；哈贝马斯认为海德格尔的哲学是自黑格尔以来德国哲学最重要的转折点。

读海德格尔的哲学，总有种力量，让我想哭。老子说，天地不仁以万物为刍狗。子贡对仲尼说：愿有所息。孔子答道：生无所息。不错，人一生劳作如蝼蚁，生无所息。天下熙熙皆为利来，天下攘攘皆为利往。有的人仰望苍穹，生命升华；有的人选择沉沦，生命在时间的氧化中委顿。白云苍狗，苍穹微尘，我们人类蹒跚而行。然诗无邪，诗，是人们在死神统治下的奉献和清醒，人生如诗，哲学如诗，我们都是怀着浓浓乡愁的游子，去寻找灵魂得以栖居的家园。20世纪两次世界大战、核技术、互联网、转基因、试管婴儿、整容术，当技术早已不是"去蔽"而变成冷冰冰僵硬无色彩的流水生产线，当21世纪痛苦冲突鏖战照样不间断地上演，于是真理的敞亮、诗意的栖居愈发珍贵。

英国发生工业革命之时，法国发生着政治革命，德国发生着哲学革命。德意志这个民族孕育了引无数哲学好汉竞折腰的哲学巨擘：康德、黑格尔、叔本华、尼采、海德格尔……但这样一个民族却又能全民打造出一个嗜血杀手希特勒。也许这正应了那句话：

德意志，要么拷问世界，要么拷打世界。

哲学十二钗

12 PHILOSOPHERS

副册

两颗启蒙星：互为死对头的 伏尔泰与卢梭

Voltaire
(1694–1778)

Rousseau
(1712–1778)

很多人知道 SM，但他们不知道 SM 是哪两个英文单词的缩写；很多人知道 S 代表 Sadism，M 代表 Masochism，但他们又不知道这两个英文单词的学术来源；比起萨特，很多人更着迷于萨德，我知道，比起萨德侯爵的哲学思想，你更想听因萨德（Sade）名字而命名的 Sadism。说到底，天不怕，地不怕，就怕流氓有文化。有一个人他堪称流氓中的大师，大师中的导师，他就是大师康德的绝对偶像——让-雅克·卢梭。

哲学界文学界有一个让我非常讨厌的习惯，那就是：为贤者讳。比方说，卢梭那些个泡妞把妹拍婆子的破事，要是到了他们笔下，一定会肉麻兮兮地变成：啊，是真名士自风流！不过，对于卢梭，他们的为贤者讳计划直接泡汤，因为和其他需要娱记蹲家门口深度挖掘隐私八卦的哲学家相比，卢梭实在太省事，他直接在自恋式自传体文学《忏悔录》中，大言不惭地向世人宣告了他那令多少人瞠目结舌又面红耳赤的怪癖。

《忏悔录》一出，众人皆惊。于是乎，卢梭同志在有些人眼里简直是敢作敢当的学术巨星，在另外一些人眼里不过就是猥琐老流氓。要是卢梭哪天在网上发个帖子，那么定会出现以下几种回复：

　　ID：康德（阳光老宅男）：沙发，激动呀，楼主你成就了我。俺为了读你的《爱弥尔》都忘记下午四点出门散步，柯尼斯堡那群傻子现在还以为教堂的钟坏了呢。P.S.楼主我把你的正面清晰无码照供在书房了，晨昏三叩首，早晚一炷香。

ID：叔本华（我家狗狗"世界精神"最近老掉毛）：板凳，k！连我的偶像康德都说好，楼主绝对差不了。@黑格尔，黑傻蛋，你娃儿别整那些哲学垃圾了，赶紧过来膜拜大师吧！

ID：拜伦（我要当诗人）：楼主威武，我要为楼主写诗！

ID：雪莱（济慈死，我心死，有事请烧纸）：赞，我也要写，我也要。

ID：罗伯斯庇尔（雅各宾派万岁，万万岁）：谁有楼主QQ？我想去围观楼主真人！

ID：罗素（我的《西方哲学史》已出版，大家请支持正版，当当亚马逊有折扣）：楼主就是一流氓，楼主的思想导致了希特勒的极权！

ID：以赛亚伯林（给马克思写传ing）：奇怪了，楼主好斗，粗鄙，缺乏教养，怎么这么多人顶帖？

其实，历史上写《忏悔录》的卢梭不是第一个，比方说，奥古斯丁也写过《忏悔录》，可人家在字里行间都流露出对上帝的毕恭毕敬，对自我行为的深刻批判。然而，到了卢梭这里，《忏悔录》被堂而皇之地写成一个暴露癖患者的自白书，虽然在书中卢梭对自己的诸多恶劣行径直言不讳，但他没有丝毫的羞耻感；相反，卢梭认为自己很天真，是外面的世界太凶残，自己从头到尾都是个被命运玩弄的无辜可怜人儿罢了。

卢梭写了一本还不过瘾，又继续写了《对话录：卢梭评判让 - 雅克》《一个孤独散步者的遐思》。通过卢梭在这一系列自白书中的描述，我们基本把握了卢梭的一生。纵观他的一生，是经历丰富的一生，是多姿多彩的一生。如果卢梭有履历表，那"职业"一栏他会填：学徒、家教、小偷、小白脸、男仆、游吟歌手、浪漫作家、哲学家。话说卢梭这娃从小就没了妈，不靠谱的爹又因为惹上官司远走他乡，卢梭基本上靠着寄人篱下窘迫寒酸地长大，缺乏管教的他曾因为撒谎偷盗差点成为"问题少年"，还好高雅的书籍拯救了他，使他能悬崖勒马没进一步发展成少年犯被抓进监狱。卢梭在 16 岁那年，投靠了贵妇华伦夫人，华伦夫人那年二十有八，风韵撩人，街头少年卢梭哪见过这阵势，顿时被华伦夫人的光辉母性形象秒杀，从此拜倒在华伦妈妈的石榴裙下，和华伦妈妈开始了一辈子剪不断理还乱的不伦之恋。

当启蒙运动大师伏尔泰誉满欧洲之际，卢梭还依旧是那个名不见经传的小白脸，被美貌风韵的华伦妈妈包养在古宅。卢梭的发迹很偶然，有一天，他去看望被关在监狱的好朋友狄德罗，平日里电线杆子上要么贴着"祖传秘方，专治××病，

伏尔泰

Voltaire（1694—1778）

一针见效"，要么贴着"办证1364759××××"，可那天却出乎意料地贴着第戎学院关于"艺术和科学的复兴是否有助于敦风化俗"题目的有奖征文小广告，卢梭看到广告后小宇宙爆发，回家立刻投了一篇稿子名叫《论科学与艺术》。关于这个有奖征文，当其他竞赛对手都在文中回答"是"并列举一二三点试图证明时，卢梭剑走偏锋地回答"不是"！卢梭认为，艺术与科学根本不能敦风化俗；相反，正是科学和艺术的出现，人类的自由遭到了扼杀。卢梭的反其道而行之，果然吸引众多眼球，他的论文立刻拔得头筹，一夜之间，卢梭声名大噪。

卢梭在《论科学与艺术》一文中的思想可以简单地概括为九个字：反文明、纯天然、复古风。

卢梭认为科学和技术源于人类的恶，人们迷恋天上的星星，于是有了占星术天文学；人们想实现自己的野心，于是有了雄辩术；人们因为贪恋吝啬，于是有了几何学；人们因为不切实际的好奇，于是有了物理学。科学与技术不是人类的福祉，而是对人类的诅咒。

卢梭强调纯天然，推崇自然哲学。卢梭的自然包括清新的大自然界，但更多的是强调人的自然状态，即人在进入社会和文明之前的状态。人在自然状态下，人性本善，自由平等。卢梭的自然哲学，不禁让处在技术泛滥核爆炸整容成风时代的我们，扪心自问：工业文明必然带来幸福吗？

Rousseau

卢 梭
Rousseau（1712–1778）

卢梭倡导复古风，一辈子哼着《想回到过去》，内心充满着对田园生活的无限遐想，他眼中完美的社会应该落英缤纷，阡陌交通，鸡犬相闻，黄发垂髫，怡然自乐。卢梭认为高贵的德行在今天这个堕落肮脏的社会早已消失得无影无踪，只有回到人类社会的早期才能找到它。卢梭极力赞扬柏拉图倡导的古代斯巴达社会。在卢梭看来，男女之间的关系最好也要返璞归真：小男女心生欢喜，小树林里约个会，生了孩子归女人养，这样又简单又省事。卢梭这个观点倒是和咱们《诗经》里描述的情节雷同纯属巧合："野有死麕，白茅包之。有女怀春，吉士诱之。林有朴樕，舒而脱脱兮，无感我帨兮，无使尨也吠！"

卢梭虽然是启蒙运动的杰出代表，但他实际上是启蒙运动的一个异类：启蒙运动的大多数都出身名门望族，羽扇纶巾风度翩翩，毕业院校也是"985"与"211"，名专业名导师，走的是"精英主义"路线；而卢梭则是草根出身，社会底层，没上过学，连学校大门都不知道朝哪个方向开。除此之外，卢梭穿衣戴帽极为拉风，他经常裹一件亚美尼亚长袍，此举动在那群讲究鲜衣怒马、侧帽风流的贵族眼里，无异于秋裤外穿逛王府井西单。他们瞧不起卢梭，卢梭更看不上他们，他们强调理性主义，卢梭就强调感情至上；他们认为私有财产神圣不可侵犯，卢梭却认为私有制是不平等的起源，应该根除。

1753 年，第戎学院第二次开展有奖征文活动，这次的题目是《人类不平等的起源》，尝到甜头的卢梭当然不能放过这样的机会，他再次跃跃欲试摩拳擦掌，投了一篇名为《论人类不平等的起源和基础》的论文，可惜这回他老人家名落孙山，未能获奖。然而，正是这篇落选的论文对人类历史的进程产生了非常深远的影响。卢梭认为人类的不平等有两种表现：一种是自然的不平等，如高矮，美丑，健康与否；而另外一种是政治、经济的不平等，而这是后天造成的，而私有制正是这些后天不平等的起源。卢梭把人类社会的发展状态分为"自然状态"与"社会状态"，在国家和社会产生之前，人类处于"自然状态"，人人自由平等，没有压迫、权力和奴役。然而，随着私有制的发展，人类进入"社会状态"，出现了贫富分化战争暴政奴役压迫。

私有制的出现导致了国家的产生，那么国家该如何运作呢？这就要涉及卢梭那本大名鼎鼎的政治学名作《社会契约论》。卢梭认为一个人太孤单，人们需要抱成团抵御危险，共同求生。团体中每个人需要让渡出自己的一定权力，组成一个政府，而政府又如何体现人们的意志呢？这就要分清两个概念："公意"与"众意"。"众意与公意之间总是有很大的差别；公意只着眼于公共的利益，而众意则着眼于私人的利益，众意只是个别意志的总和。"公意未必总是正确，但绝对应该是最符合大众的意志，而众意代表的是团体的意志，部分的意志。

社会契约的目的就在于把每一个人的人身和全部权力置于公意的指导下，每个成员都要接受自己是整体不可分割的一部分。这同时也意味着如果你哪天不想服从公意，那么社会全体会强迫你必须服从。比方说，法律就是公意的产物，法律代表着社会全体的公意，服从法律就是服从自己。当然，如果你没事干想挑战一下法律，那么你立刻会体验到什么是强制和暴力。

社会契约在卢梭那里和在霍布斯那里有着很大的区别，虽说二者都赞同人们让渡出自然权力，但是霍布斯认为人们应该把让渡出来的权力交给君主，而卢梭则认为应该交给由每个人组成的社会共同体。紧接着，卢梭在社会契约的基础上，进一步提出了"主权在民"的思想，这个思想可谓是《社会契约论》的精华所在。这个思想不同于霍布斯的"君权神授"，不同于洛克与孟德斯鸠的"三权分立"，卢梭的"主权在民"认为一个国家的主权完全属于这个国家的全体公民。卢梭认为主权就是公意的体现，人民主权不可转让，不可分割，至高无上不容侵犯，不可代表。说白了，人民要是哪天觉得政府没能代表我们的公意，那么我们就会揭竿而起推翻你。

研究卢梭很到位的罗素曾写道："从卢梭时代以来，自认为是改革家的人向来分成两派，即追随他的人和追随洛克的人。有时候两派是合作的，许多人便看不出其中有任何不相容的地方。但是逐渐他们的不相容日益明显起来了。在现时，希特勒是卢梭的一个结果，罗斯福和丘吉尔是洛克的结果。"卢梭激进民主主义理论的"主权在民"思想，正是法国大革命的指导思想，法国的《人权宣言》和后来美国的《独立宣言》，都吸收了卢梭的观念。法国大革命雅各宾派的领导人罗伯斯庇尔就是卢梭的拥趸，他还曾去拜访过卢梭。

如果说理性主义到了叔本华、尼采那里，已经病入膏肓，那么，从卢梭开始，理性主义就开始了有疾在腠理。卢梭反对理性主义，重视人的情感，学富五车的康德对卢梭这一点极为看重，康德觉得自己的哲学虽然严谨缜密，却唯独漏掉了卢梭笔下那活泼真实的人性。康德于是极为推崇卢梭，他将卢梭的头像挂在自己卧室的墙头，卢梭的《爱弥尔》出版，为了一睹为快，康德甚至不惜打乱了持之以恒的下午四点遛弯的习惯。

这本让宅男康德爱不释手的《爱弥尔》，其实是一部教育学经典，卢梭重点讨论了当文明开始束缚人性，我们该如何教育儿童。在卢梭看来，一个婴儿从出生之日起，就处在不自由的奴隶状态，大人们拿竞争、虚荣、猜疑、贪婪、嫉妒等这些孩子们尚未形成的欲念去刺激和教育他们，孩子们每被灌输一次，心灵中就种下了恶的祸根。在书中，卢梭以小说的形式讲述了一个被隔离开来的孩子的故事。爱弥尔是一个被城市文化隔离的自然人，他的老师是大自然。卢梭以此来论证一个非常重要的观点：教育要从娃娃抓起，对娃娃要实行自然教育，让他们使用大自然赋予他们的一切，对他们的身体进行帮助和补充，但不能纵容他们的欲望，鼓励他们表达和发展自己的天性。孩子们的第一个情感是自爱，第二个情感是爱周围的人。他们的教育应该远离腐败堕落的社会和文明，不受任何偏见与欲望的诱惑。

《爱弥尔》让今天的教育家来看，也不失为一本充满真诚和良知的教育学著作，然而，这本倡导自然教育的温和的教育学著作，在当时教会垄断教育的背景下，却被定义为异端邪说，《爱弥尔》被当众销毁。可怜的卢梭，幼小心灵遭受严重伤害，加之当局的威逼迫害，卢梭的被迫害妄想症加剧。这时候，休谟雪中送炭。于是，卢梭奔赴英国避难。

我曾在《雌雄大侠：波伏娃与萨特》里谈到，法兰西民族和中华民族的相似度很高，比方说我们都热爱俗世生活，讲究口腹之欲。除此之外，我们两个民族的哲学也颇为相似，和其他讲究思维高度抽象、喜欢营造哲学体系的他国哲学家相比，我们两国的哲学较为注重感性思维，喜欢关注现实，关注感性，关注更多的经验层面。因此，和中国哲学饱受非议一样，卢梭也被怀疑到底算不算是一个哲学家。卢梭和别的哲学家的确不一样，他没那么关心哲学的本体论、认识论，他的著作也没用规范的哲学语言，但卢梭的的确确是位哲学家，而且他的地位还是哲学家中的导师，任何一个试图要编写哲学史的人，都不会漏掉卢梭这一章。

卢梭的一生是分裂的一生，是伪善的一生。尽管他在《爱弥尔》中呼吁要教育儿童，可他自己却狠心地把亲生的五个娃儿全部丢进育婴堂，他的理由无耻透顶：抚养这些孩子需要钱，于是我不得不去拼命赚钱，赚钱太累我容易过劳死，我死了孩子就没人抚养了，所以还不如直接送到育婴堂。卢梭甚至会抢起拐杖追着打路边因调皮撞到他的孩子。尽管卢梭在《新爱洛琦丝》里用优雅的笔触描写爱情，开创浪漫主义的先河，可卢梭却一辈子虐待自己那个不识字的妻子，提起妻子永远充满不屑和鄙夷。尽管卢梭强调情感大于理性，可他除了爱情失败外，友情上也颗粒无收，他和伏尔泰吵翻了，和狄德罗分道扬镳了，甚至对帮助他到英国避难的休谟，他也充满怀疑，最后也和人家恩断义绝割席断交了。

卢梭充满了才情和抱负，偏又自恋自私，偏执多疑。他一辈子活得畏畏缩缩，窝窝囊囊，他似乎试图穷尽自己悲催的一生来验证那个在《社会契约论》开篇提到的观点：

人生而自由，却又无往而不在枷锁之中。

卢梭与伏尔泰：死对头

法国皇帝路易十六在大革命时期曾被囚于宫中，一日，他读到伏尔泰和卢梭的著作，竟然掩面长叹：是这两个人摧毁了法国！伏尔泰与卢梭这两颗启蒙运动之星，曾经并肩作战，惺惺相惜，可最终还是未能免俗落入文人相轻的窠臼，攻击谩骂、恶语相向、恩断义绝，联袂上演了一出哲学史上的闹剧。

曾有报道说，国外一对研究哲学的夫妇，因为一个是黑格尔主义者，一个反黑格尔主义，夫妻二人最终分道扬镳，分手离婚。普通人听到这则消息纷纷感觉：这事也太不可理喻、矫情造作了。而事实上，这事一点不作（音一声），一男一女结合在一起，刚开始情欲攻击着分歧，一切微不足道，但日子久了，理性最终会占据主导。我们常说"道不同，不相为谋"，这个"道"，可以狭义地理解为性格、观念、处世方式；广义地讲，这个"道"就是世界观、价值观、哲学立场。卢梭与伏尔泰之争，表面看来卢梭性格多疑阴暗，敏感自卑；伏尔泰心宽体胖，不易受情绪波动影响。而本质上，背景、哲学立场、世界观上的差异最终导致了二者反目成仇。

伏尔泰比卢梭年长 18 岁，他是启蒙运动中最负盛名的人物。伏尔泰出身富贵缠万贯，出手阔绰不知穷滋味；卢梭却出身底层穷困潦倒，一生颠沛流离居无定所。当伏尔泰在各大沙龙里游刃有余如鱼得水纵情享受时，卢梭正寄人篱下卑微困窘；伏尔泰是上层社会风度翩翩的公子哥，而卢梭却是为了生计连偷带骗的小混混；富家子弟伏尔泰追求着高层次的成功，尝尽人间冷暖饱受白眼的卢梭却热爱自然，渴望被尊重与被爱。不同的阶层，不同的经历，尽管同为启蒙运动的明星，他二人的思想却"和而不同"：伏尔泰强调理性，重视科学技术与文化，兴致勃勃地想建立新兴城市；卢梭则反感理性，反技术反文明，向往着纯天然复古风的桃花源。伏尔泰寄希望于社会改良，开明君主制比较适合法国；卢梭则主张打碎旧制度，建立共和制。伏尔泰认为私有财产不容侵犯，社会平等很难实现；卢梭则呼吁消灭私有制，实现人人平等。卢梭是狂热的革命派，伏尔泰是宽容的保守派。

总而言之，卢梭的理想反映了为生存而战的社会下层小资产阶级的要求，而伏尔泰则代表着社会上层资产阶级的想法。因为哲学立场的不同，伏尔泰攻击卢梭是"插科打诨的小丑"，《论人类不平等的起源和基础》一书"让人四肢爬地"；卢梭反击伏尔泰背信弃义，不得好死。

一时间，两人口诛笔伐，唇枪舌剑，掐架骂街。

伏尔泰和卢梭都是启蒙运动的领袖和代言人，同混在"百科全书派"这个圈子里。何为"启蒙"，康德在《什么是启蒙运动？》中写道："启蒙运动就是人类脱离自己所加之于自己的不成熟状态，不成熟状态就是不经别人的引导，就对运用自己的理智无能为力。当其原因不在于缺乏理智，而在于不经别人的引导就缺乏勇气与决心去加以运用时，那么这种不成熟状态就是自己所加之于自己的了。要有勇气运用你自己的理智！这就是启蒙运动的口号。"也就是说，启蒙运动宣扬理性，以知识为武器，反封建、反迷信、反宗教狂热，它用平等观念刺激人们的心灵，主张摆脱封建生活方式，建立一个美好的社会制度。如果说之前的文艺复兴运动发现了人，启蒙运动则发展了人，人逐渐走向成熟。人类不再像个孩子一样对专制和愚昧言听计从，我们开始保持理性，清算宗教，审判迷信，开启心智。黑格尔曾言："这是一个光辉灿烂的黎明，一切有思想的存在，都分享到了这个新纪元的欢欣。"

伏尔泰作为启蒙党的领袖人物，可谓全才式多栖明星，他在哲学、诗歌、小说、剧作等方面都有着卓越的成就，被称为"科学和艺术共和国的无冕皇帝"。伏尔泰为人豁达，仗义疏财。他经常以嬉笑怒骂、讽刺嘲笑为武器到处砸场子，昨天刚砸完天主教会的场子，今天又砸法国政府的场子，他不顾一切挑逗敌人，刺激敌人，敌人最终恼羞成怒。伏尔泰也为此付出了惨重的代价：他曾两次被请进法国历史悠久闻名世界的著名监狱——巴士底狱；他还被驱逐出境，流亡英国几十年。

西方的哲学家们要么不提中国，要么提到了也是居高临下趾高气扬充满傲慢与偏见。然而，伏尔泰却很难得是一位中华文化的粉丝。2010 年陈凯歌导演将元杂剧《赵氏孤儿》搬上了荧屏。殊不知，早在 200 多年前，伏尔泰就将《赵氏孤儿》改编成五幕剧《中国孤儿》，在丹枫白露上演并大获成功。伏尔泰热爱中华文明，他在《风俗论》《路易十四时代》《历史哲学》等著作中高度赞美了中国及中华文明。在他眼里，中国人民聪明勤劳，中国历史有价值可信度高，而以孔子为代表的中国文化强调"己所不欲，勿施于人"，规劝人们行善。孔子以及儒家注重伦理道德和教育，这与讲灵魂不死的基督教文化截然不同，儒家文化里没有迷信和传说。伏尔泰高度赞美并极为推崇孔子，说他不媚帝王，不好权色，为人师表，是一个真正的圣人，伏尔泰还将孔子的画像挂在自家墙上。

伏尔泰这种"中华文明崇拜论"搞得我们中国人都有点不好意思了，这个这个，我们其实也并不是完美乌托邦。尽管伏尔泰的中国论有不客观之处，但伏尔泰却能借中华文明这种异邦文明去审视基督教文明，批判基督教的愚昧与迷信。其实，伏尔泰何止是借中华文明去审视欧洲文明，他还借外星文明来审视人类文明，伏尔泰想象力如天马行空，文笔又极好，他的科幻哲理小说《小大人》放在今天也是上乘之作。

《小大人》讲述了这么一个故事：天狼星上有个身高 12 万英尺（36576 米），年龄 450 岁，孩提时代即将结束的年轻人名叫"米克罗美加斯"，他就是"小大人"。小大人热爱科学和解剖，他的一篇进步论文被他们星球上的法典专家斥为"异端学说"。小大人愤而出走，并在土星上结识了一个朋友，这位土星朋友身高不足 2000 米，有 72 种感官。当土星人向小大人抱怨感官不足时，小大人说他们天狼星人拥有上千种感官仍旧感到不够完美。土星人感慨自己只能活一万五千岁，他们的存在不过是时间长河的一瞬，基本上生下来就要死了。小大人安慰说自己的寿命是他们的七百倍，不过死亡之后肉身回归万物，这又是另外一种存在。小大人与土星人相见恨晚，于是他俩相互作伴开始了哲学之旅。

在造访了木星和火星后，他们抵达了地球——犹如泥球大小的暗淡小球。地中海就是个小水池，大西洋也不过是个小池塘，土星人大失所望，感慨地球构造太粗糙，这里不会有理性的人生存。小大人却以钻石项链为显微镜发现了地球上微小的人。小大人又剪下指甲当喇叭与地球上的小人们说话，地球上有一位数学家借助一棵树以及一系列三角形竟然量出了小大人的身高，一位地球上的哲学家告诉小大人此时此刻地球上有十万戴帽子的人正在杀戮另外十万戴头巾的人，杀戮与被杀戮，一直未变。一个戴方帽的地球人（指神学家）竟然趾高气扬地说托马斯·阿奎那的书里已经说清楚了，你们这两个外星人的行为方式还有你们的星球，连同太阳和星星，全部都是为我们地球人而存在的。

小大人和土星人被这傲慢又愚蠢的言论逗得放声大笑，前俯后仰。离开地球时，小大人送给地球人一本书，这本后来被送到巴黎科学院的书被老秘书打开时却发现是一片空白。结尾，老秘书意味深长地说："这并不出乎我的意料。"

伏尔泰和卢梭一样，也曾经被人质疑算不算是哲学家。因为任何想要寻觅完美哲学体系的人，面对伏尔泰都会大失所望，伏尔泰的思想正是反体系，反玄学。在伏尔泰这里没有任何关于"本体论""认识论"的理论创新和真知灼见，他不过是以洛克和牛顿的思想为基础，推崇理性，批判封建专制与宗教，重视科技与文化，倡导社会改革。伏尔泰认为人性的最大天赋是自由，"我不同意你说的每一个字，但我誓死捍卫你说话的权利"。自由是人的天赋权利，取消特权与争取自由应是启蒙运动的首要任务，自由原则也成为伏尔泰毕生追求的社会理想。伏尔泰在《哲学通信》里写道："要用人类的理性建立一个合理的法律国家，以保障人身和财产的全部自由，舆论自由以及信仰自由。"

伏尔泰逝世 100 周年，雨果悼念时说："在硕果累累的 18 世纪，卢梭代表人民，伏尔泰代表人。那些强有力的作家消失了，但是他们留下的是灵魂和革命。法国大革命是他们的灵魂。"

伏尔泰与卢梭这对欢喜冤家，吵了一辈子的架却又不约而同地选择在同一年闭上了嘴巴，他二人在同一年去世。生时互不待见，死却同穴而眠。

伏尔泰与卢梭共同安息于法国先贤祠。

Wittgenstein

天才矮帅富
维特根斯坦

Wittgenstein
(1889–1951)

所有通向哲学之路的人都要经过一座桥，这座桥的名字叫作伊曼纽尔·康德，这座桥通向了古典哲学。

所有通向哲学之路的人都要翻过一座山，这座山的名字叫作弗里德里希·威廉·尼采。翻过这座山，你就会邂逅现代主义或者后现代主义哲学。

所有通向哲学之路的人还要趟过一条河，这条河的名字叫作路德维希·维特根斯坦，这条河通向了哲学的没落。那一天，云淡风轻，天蓝蓝；那一天，奥地利林茨中学迎来了小正太维特根斯坦；那一天，低年级留级生阿道夫·希特勒正忙着玩音乐玩美术幻想着变身萝莉杀手变身文艺男青年；那一天之后，历史已经蓄势待发悄悄准备着被改变。

不错，你我都向往名校，名校之名，不仅有大师大楼大课大作业，还有着牛叉闪闪的大人物——那些令人艳羡的校友资源。林茨中学的学生打死估计都想不到，当年那两个差等生：孤僻犹太佬维特根斯坦、土包子乡下佬希特勒竟然有一天也可以改变历史：前者游戏般改变了哲学史，后者血腥地改变了人类历史。

维特根斯坦与希特勒是同学，在这一点上，所有正史，以及所有稗官野史都已供认不讳。但两者的区别就在于：野史永远充满了爱恨情仇，它牵强无聊地把希特勒的反犹主义归结为：矮穷矬希特勒对高富帅维特根斯坦的羡慕嫉妒恨。更有野

史作者，紧紧抓住维特根斯坦是同性恋的小辫子，充分发挥狗血想象力添油加醋，演绎归纳推理，最后得出个令人发指的结论：希特勒恨犹太人，那是因为某一天，维特根斯坦曾粗暴地摁倒了希特勒。

此等言论，纯属谬论。

用脚指头想想也觉得奇怪，既然希特勒屠杀犹太人是对维特根斯坦羡慕嫉妒恨的升华，那么希屠夫干嘛不先杀了犹太佬维特根斯坦顺便毁掉维特根斯坦富庶的家族呢？

不过，说实在的，维特根斯坦也的确有太多地方值得希特勒嫉妒。维特根斯坦家族极其富有，维特他父亲是当时有名的钢铁大亨，几乎是欧洲最有钱的人。维特家的豪华房子堪比宫殿，经常名流云集，可谓谈笑有鸿儒，往来无白丁。土包子希特勒玩艺术那会儿，心中的偶像是钢琴大师勃拉姆斯，当可怜的希特勒下学回家被自己那个酗酒又有家庭暴力的爹揍得吱哇乱叫时，勃拉姆斯正在维特根斯坦家的高档客厅里优雅地教维特兄弟们弹钢琴。然而，月满则亏，水满则溢，维特根斯坦家族烈火烹油，鲜花着锦之盛不禁让人心慌慌。果不其然，这个被上帝给了太多眷顾的家族，也被撒旦下了恶毒的诅咒：维特根斯坦的三个哥哥相继自杀。于是乎，维特根斯坦的童年记忆则是一场接一场黑色悲凉的丧礼。从那时起，这个可怜的娃儿心里就有了一个怎么也抹不掉的念头——自杀。

维特根斯坦的存在实在让我等凡人满心羞愧，虽然同样被打上 made by God 的标签，但估计制造商上帝亲自制造了他，而我们，显然被上帝批发承包给了别人。维特根斯坦不仅富贵，而且还是个天才。俗话说，三百六十行，行行出状元，只要维特根斯坦想碰哪行，他就必定是那行的状元：工科男维特根斯坦 10 岁时自己作出了缝纫机，自己比莱特兄弟还早地研发成功过飞机的发动机；理科男维特根斯坦数学和逻辑学一流；建筑师维特根斯坦自己设计建造过一栋房子，这房子是包豪斯的设计风格，供暖和散热系统的完美到现在还被人津津乐道；艺术生维特根斯坦会演奏多种乐器，他的单簧管虽自学成才，却堪称专业水平；医科生维特根斯坦一步一个脚印，从医院看大门的，晋升为护士，再到医院实验研究员，他对一些医学问题的见解令专业医生都瞠目结舌；国防生维特根斯坦作战勇敢，又具有工程技术的才能，很快就被升为炮兵中尉；文科生维特根斯坦把哲学玩得风生水起，使得哲学在 20 世纪发生了转向。

天赋异禀、气质凛然、家财万贯、龙章凤姿。当维特根斯

Wittgenstein

维特根斯坦

Wittgenstein（1889–1951）

坦拥有足够的优势，进而可以精英般俯视芸芸众生时，我们却发现，这个孩子，他一直不快乐。导致他不快乐的原因有很多：父亲的暴君专制，哥哥们的自杀等，但他不快乐的根源只有一个：他有个难以启齿的秘密。

1903 年，偏执天才魏宁格出了一本畅销书《性与性格》。《性与性格》这本书，看得我好气又好笑，但我强烈推荐大家一看。这本书虽不科学却疯癫。《性与性格》一书的观点，我可以为大家简单地总结为：世上无绝对男女，性格分雌雄两类。每一个人身上都有着积极的男性性格与消极的女性性格，最完美的莫过于摒弃女性性格，成为一个充满逻辑的彻底男性，然而，犹太人的性格却属于女性性格。女人们根本成不了天才，她们的指导原则就是性欲，女人被分为两种类型：母亲型与妓女型，女人中聪明者大都男人气颇浓。同性恋、自恋狂兼大男子主义魏宁格，在《性与性格》出版没多久后，就饮弹自杀了。然而，维特根斯坦却买了这本畅销书，别的读者估计也就看个热闹，维特根斯坦却把这本书从内容看到思想，并自觉地把思想内化为行动。

另外值得一提的是，维特根斯坦自杀的那三个哥哥，大哥和三哥都是同性恋。行文至此，恐怕大家都已经猜到维特根斯坦的那个难以启齿的秘密了：维特根斯坦是个同性恋！如果说《性与性格》是维特根斯坦的强大思想指导武器，那哥哥们是同性恋的不争事实再次证明这个家族的 X 染色体的确发生了异常，生理上的变异是造物主的安排。

当然有人会问，同性恋就同性恋，至于那么讳莫如深吗？不错，如果维特根斯坦穿越到今天，那他的身份只会让他人气暴增：女生们对此感兴趣，那是因为女人天生热衷于聊和男人有关的一切话题，归根到底她们还是对男人感兴趣；而男人们喜欢聊基友情，那是因为在男人心中，基友情早已是兄弟情的嬗变异化。然而，维特根斯坦到底生错了年代，他那个年代，同性恋在人们心中犹如洪水猛兽，肮脏龌龊。且不说维特根斯坦正统天主教徒的身份和同性恋不兼容，只消看看"二战"中纳粹对同性恋实行的残酷迫害政策，我们就足够理解维特为何如此这般遮遮掩掩。比方说，曾有一部名为《隐藏的恋情》法国电影，这部电影中的男主人公就因为同性恋的身份，被纳粹残忍地摘除了脑白质。

因为这个 dirty little secret（肮脏的小秘密），维特根斯坦一辈子活得压抑克制，几次在自杀边缘上徘徊游荡，还好哲学拯救他于水火。这个 dirty little secret 也正是维特根斯坦性格双重性的根源：一方面他有着魔鬼的高傲，另一方面他又时常猛烈批判自己否定自己，恨不得卑微地胸口匍匐着大地。

维特根斯坦的《逻辑哲学论》，是他早期思想的代表作。这本书写于第一次世界大战，那时他想自杀想疯了，本着"不想阵亡的士兵不是好士兵"，维特根斯坦准备借助战争来庄严完成自杀。打仗之余，维特根斯坦写完了他的这部格言式风格的哲学处女作。《逻辑哲学论》一书分为 7 个格言式主题：1. 世界是一切发生的事情；2. 发生的事情，即事实，就是诸事态的存在；3. 事实的逻辑图像是思想；4. 思想是有意义的命题；5. 命题是基本命题的真值函项；6. 真值函项的一般形式是：这也是命题的一般形式。7. 对于不可说的东西我们必须保持沉默。"世界是一切发生的事物"，貌似是同义重复，说了等于没说，实则是微言大义，曲径通幽。一般认为，世界是事物的集合，是我们认识到的事物和客观存在却尚未被我们认识到的事物的集合。然而，维特根斯坦却认为：世界是事实的总和。比方说，长在树上的苹果是一个"事物"，那么苹果落下砸到牛顿头上，就构成一个"事实"，事实代表了苹果在时空中的每一个运动轨迹。"事实"就是"事物"在时空中的状态，事物在时空中的每一个状态构成世界的原子事实，原子事实在逻辑中表现为"图像"，故而，维特根斯坦在《逻辑哲学论》中的思想也被称为"图像论"，图像可以描述原子事实在逻辑中的运动和结构。可能有人要问了，为何图像这种逻辑的东西可以反映现实存在呢？原因就在于，要通过逻辑上的可能世界去认识现实世界，必须找到两者之间存在的某种一致性东西，这种一致性的东西就是逻辑形式。比方说，通过地图我们可以认清祖国的大好河山，地图和大好河山之间存在的一致性东西正是逻辑形式。无论是逻辑的可能世界还是现实世界，能描述它们的都是逻辑图像，换句话说，任何一种图像都只能是逻辑的图像。

当然，维特根斯坦没有总是抽象地谈论逻辑图像，他进一步指出，命题就是事实的逻辑图像，人们通过文字声音等命题记号感知到世界上发生的事实。命题和事实的关系就犹如投影和被投影的关系，一个命题中的词语对应的就是空间对象。比方说命题"苹果掉下来"中，人们明白不是苹果这个文字符号掉下来，而是又大又圆的果子掉下来了。事实可分为原子事实和较为复杂的事实，而命题也分为原子命题和复杂的较为复杂的分子命题，原子命题对应着原子事实，维特根斯坦将最小单位的命题为"基本命题"，它的特征就是独一无二，没有其他命题会与之产生矛盾。

我们看到维特根斯坦和西方传统的语言哲学家们存在着很大的不同。西方传统的语言哲学家们尽管也强调语言的重要性，但语言于他们只是认识世界、把握世界的媒介，语言仅仅是对现实世界的摹写，语言与现实世界并不是统一的关系。然而，到了维特根斯坦那里，他通过把整个世界逻辑语义化，将语言与世界本质统一起来。在《逻辑哲学论》里，维特根斯坦试图要划分出一个界限，界限这边是一个受逻辑支配的语言的世界，这个世界才是有意义的，界限那边没有语言故而无意义。此时，维特根斯坦的目标就是建立一套精确的人工逻辑语言，用精确的逻辑语言终结思想因为语言的滥用而引发的一系列混乱与争执。

写完《逻辑哲学论》，维特根斯坦觉得自己已解决了世间一切哲学问题，于是他金盆洗手，返璞归真。为了贯彻落实国家提倡的为人民服务的伟大精神，维特根斯坦同志踊跃报名参加了祖国偏远落后地区的建设，成为阿尔卑斯山脉脚下一个鸟不拉屎小山村的一名普通小学老师。从此，维特根斯坦的支教生涯拉开了序幕。尽管这期间，维特根斯坦的《逻辑哲学论》早已令他君子闻名于诸侯，但他还是很淡定地干好小学教师的本职工作，爱岗敬业。直到有天他因为体罚学生被家长起诉，维特根斯坦才辞职不干了。

1929 年，哲学家天才维特根斯坦王者归来，他重返剑桥大学，并顺利评上职称，成为三一学院的研究员。哲学上他梅开二度，开始批判令他功成名就的《逻辑哲学论》，从而进行新的哲学思考，并完成了后期思想的代表作——大名鼎鼎的《哲学研究》。在此书中，维特根斯坦开始抛弃世界的本质是事实，事实的逻辑结构是世界的逻辑结构的早期思想。他指出世界没有所谓的本质，有的只是"家族相似性"。所谓"家族相似性"就是尽管一个家族的成员里大家彼此长得相似，但并不存在又一个"本质"的东西。比方说，父亲的脸型像奶奶，女儿的神态像父亲，女儿的眼睛像奶奶，这些只不过说明了家族成员之间在某一方面不完全相似，却并不能说明家族成员之间存在着共同的相似，有着"本质"。维特根斯坦的"家族相似性"就是反对形而上学，反对"本质主义"，颠覆传统哲学的本质主义习惯：我说哲学家们，你们不要动不动就给日常生活中的东西找本质呀，找共相，那些形而上的东西根本不存在，你们争来争去的哲学问题其实只是日常语言的谬误。

早期《逻辑哲学论》里的维特根斯坦怀疑日常语言，准备用精确的人工语言替代日常语言。《哲学研究》里的维特根斯坦大大方方地承认了自己在《逻辑哲学论》里犯的错误，此时的他认为日常语言是完全正确的，判断一种语言是否正确，其判断标准是语言使用条件的逻辑。与其要大刀阔斧的改造日常语言，不如弄清语言的语法。

他开始放弃对语言意义的关注，转而追求语言的用法，并形成了语言游戏理论，开创了日常语言学派。维特根斯坦的"语言游戏"理论，告诉大家哲学其实就是教人们如何正确玩语言游戏。关于什么是"语言游戏"，维特根斯坦说这个概念没有定义，就好比别人问你什么是"游戏"，你会对他描述什么篮球、扑克牌、三国杀等类似活动，以此类推，"语言游戏"也就是我们只能描述现实中或想象中的语言现象，而不能确切指出语言游戏究竟是什么东西。玩游戏就要讲游戏规则，语言游戏和所有游戏的规则一样，玩家都必须遵守。但游戏规则不是大家先遵守规则再玩游戏，而是在游戏中遵守规则。不同的游戏有不同的规则，一副扑克牌中的红桃 K，在这个游戏玩法中是大牌，在另一种游戏玩法中可能是小牌。同理，语言在不同的使用规则下，意思也不一样。如果你脱离了语言的使用环境和规则，一味地追求词语的意义，就如同你脱离了扑克牌游戏的玩法规则，却要孤立地追问红桃 K 的用法的意义，你的追问只会引起"形而上学"的纷争。大彻大悟的维特根斯坦最后上演了哲学版的《终结者》，开始否定哲学，提出哲学无用论。

古希腊哲学智者学派有个哲学家名叫高尔吉亚，此君在哲学史上本没什么大的贡献，但他曾经提出的三个命题却使得他享受着"哲学先知"般的高级待遇。一般说来，在哲学的发展过程中，曾发生了两次转向：第一次转向是从古代的本体论哲学到近代哲学的"认识论转向"，即从研究"世界的本质是什么"到研究"人们如何正确获得认识"；第二次转向便是从近代的认识论向现代哲学的"语言转向"，即从研究认识转变为我们该如何正确地表达出认识。高尔吉亚的三个命题竟然神秘般地一一预示了以后几千年后哲学的两次大转向。大仙高尔吉亚的三个命题分别是：第一，无物存在；第二，如果有物存在，人也无法认识它；第三，即便可以认识它，也无法把它告诉别人。高尔吉亚估计也未曾料想到自己竟然是二流的哲学家，一流的预言家。

哲学的"语言转向"正是从罗素和维特根斯坦开始的。哲学作为一种深刻的思想，需要用语言表达出来，于是语言就构成了哲学的基本问题。到了维特根斯坦，哲学的理性批判终于转向为语言批判，语言的转向成为20世纪哲学的基本特征之一。在某种意义上，哲学从维特根斯坦之后开始走向没落，连维特根斯坦自己都说："搞哲学就是为了不搞哲学。"在维特看来，他的哲学与亚里士多德以来所有的哲学都不同，他的哲学不是构建哲学体系兜售哲学概念，他的哲学是对生活本身的描述。哲学史上之所以有那么多喋喋不休的争论，不是哲学家脑子不好使，而是因为哲学家们对日常语言的用法错误地理解了。那些哲学家们脱离了词语的使用环境，盲目绝对地去追求意义，哲学的纷争由此开始。"当语言休息的时候，哲学问题就产生了"。诚然，语言是思维和世界的媒介，它表达传承思想，语言也总是那么的别有洞天，引人入胜。然而，语言就像食人美人鱼，诱人的芬芳下，是她獠牙的真实外表。语言很有可能早已远离真相，遮蔽真实，而人们迷恋语言，这种迷恋会产生虚妄的满足感，在这一点上，语言为各种误会矛盾争论助纣为虐。而哲学的任务就在于正确描述语言的用法，消除误会。哲学的目的不是探寻新真理，而是追求清晰，哲学就是

"指给苍蝇飞出苍蝇瓶子的道路"。

20世纪著名的"分析哲学"阵营里，尽管门派众多，名称各异，但都是与语言分析有关的哲学。关于语言哲学，我们在肯定它成绩的同时也要看到它的不足。比方说，你哪天手捧鲜花钻戒向你妹纸求婚："亲爱的，嫁给我吧，爱情是婚姻的基础。"当你把握十足地等她热泪滚滚地说"I do"时，殊不知，你那研究语言哲学的妹纸早已走火入魔："基础？请你告诉我什么叫基础？X是Y的基础，X可以属于Y，比方说楼房的基础，也就是地基属于楼房；但X也可以不属于Y，比方说雕塑的基础，也就是底座却不属于雕塑。"对此，我对语言哲学的评价，五个字：精致无生气！虽然语言分析哲学将哲学从宏观带入了微观，犹如拿着手术刀缜密细致地解剖了哲学，它可以清晰地标明哲学的五脏六腑。但哲学却是思维的抽象，具有高度的形而上学性，在一点上，语言分析哲学这把手术刀永远有鞭长莫及的地方，就好比你的手术刀再锋利怎么也解剖不出中医的奇经八脉来。所以说，分析哲学，尽管有其积极进步的学术价值，但它把哲学问题最终归结为逻辑和语言问题，把哲学研究高度技术化、精致化，却使得哲学丧失了抨击现实、升华智慧、追求至善的生命力。分析哲学分析到最后，就终结了分析哲学自身。

有人学哲学，因为那是专业是饭碗是衣食来源；有人学哲学，因为他擅长爱好兴趣使然；然而，哲学于维特根斯坦，不是专业不是兴趣，是心灵的慰藉，灵魂的寄托，因为哲学他放弃了孜孜不倦的执着理想——自杀。维特根斯坦其实是个很容易让人心生怜爱的家伙，他一方面甘于平淡，独孤求败；另一方面他又急切渴望被关爱，在孤独和渴望被爱两种矛盾张力作用下，他一生的才华得到最大程度的迸发。这世上，每一个伟大哲学家的华丽出场，都改变了哲学。有的完善了哲学的体系，有的改变了哲学的方法，还有的升华了哲学的精神，只有维特根斯坦，他的出场，两次改变了哲学。第一次把哲学引向了逻辑实证主义，第二次把哲学带入了日常语言学派。维特根斯坦这一辈子思得苦，说得少，他在《逻辑哲学论》的最后一章非常酷地只写了一句话：

对于不能说的东西，我们必须保持沉默。

写到这里，我把头扭向窗户，窗外大风狂舞，阳光却通透，北京的春天不远了。维特根斯坦说，世界和人类思想无法被言说，由此，我想到了华兹华斯的诗：

春天的树林给人的冲动，

能帮你把善良、邪恶，

把怎么做人的问题弄懂，

圣贤讲得没她透彻。

Bertrand Russell

公知
罗素

Bertrand Russell
(1872–1970)

1911 年，英国剑桥大学，三一学院。

有位老师上完课，夹着讲义准备回家吃饭，结果在转角处被一个神色紧张、腼腆羞涩的学生拦住：

"老师，您好。我想问您个问题，请问我是白痴吗？如果我是白痴，我就去开飞艇当宇航员；如果不是，我就要成为一个哲学家。"

老师被学生搞得莫名其妙，遂硬着头皮对学生说：

"这样吧，你写篇论文交给我，随便什么题目，我看后给你回复。"数日后，老师看到了学生的论文。读罢第一句，老师就惊呼：

"天啊，同学，你绝对是个天才，无论如何也不能去开飞机。"老师的这句话彻底改变了学生的命运，学生从此邂逅了人生的伯乐，开始上了哲学的道儿。而因为学生的到来，传统哲学也被搅得天翻地覆，上演了奥斯卡大片——《终结者》。

老师的名字叫伯特兰·罗素，学生的名字叫路德维希·维特根斯坦。如果可以，罗素一定会像亨伯特教授对洛丽塔一样，对维特根斯坦说："啊，维特，你是我的生命之光，我的灵感之火。"当时的罗素估计没想到，他的这位天才学生日后竟成为他学术的灵感之源，并且很快青出于蓝而胜于蓝，成为他的竞争对手、批评拆台者，成为他一辈子的梦魇。

罗素是个公子哥，他出生在勋爵世家，他爷爷是伯爵，他爹地是子爵，不过可怜的罗素并没因为家世显赫而幸福，他很小的时候父母便相继离世，孤儿罗素由奶奶抚养长大。公子哥罗素很花心，他的花心不仅表现在婚姻上，还表现在哲学上。罗素这一辈子的哲学思想可谓变幻莫测，他总是拿他今天的思想去批判他昨日的思想，可谓被我弃者，昨日之日不可留。然而，花心的罗素却有三样东西一生没变："有这样三种简单而又极为强烈的激情主宰着我的一生，那便是：对爱的渴望，对知识的追求，对人类苦难的深切同情。"当然，这三样东西的顺序可不是随便排的，罗素能把爱情排第一，绝非偶然。父母双亡有车有房的罗素是个绝对的爱情至上主义者，他这辈子一共结了四次婚，离了三次婚，且一辈子情人无数。在这一点上，罗素的哥们儿纷纷表示很生气："凭什么你给我上一次礼，我却要给你上四次礼！"罗素第四次结婚时已是 80 岁的耄耋老头，不过，诺贝尔文学奖得主罗素的纪录很快被另外一位诺贝尔物理学奖得主所打破，这位物理奖学奖得主 82 岁老夫娶 28 岁新妇，使得罗素相形见绌。

这些事情的发生使得许多男生的自信心暴增，他们一致决定退休以后再娶美娇娥。

每个人小时候都要上数学课，当你我上课时，听数学老师教了条公理一加一等于二，又教了个公理叫等量代换：如果 $a=b$，$b=c$，那么 $a=c$。你屁颠屁颠地套用公理去做了一百道数学题，而这时，另外两个学生却在绞尽脑汁地思考是不是任意大于二的偶数都可以表示成两个素数之和？为什么 a 就非要等于 c？于是，最后，你因为勤奋做题以高考数学满分的优异成绩考上名校，而那两位学生中一个姓陈的，成了哥德巴赫猜想第一人，成了著名数学家；而另一个姓罗素的，成了受人尊敬的哲学家、思想家、数学家、逻辑学家。

罗素年轻时曾和怀特海一起合作撰写《数学原理》，书写到后来，手稿堆积如山，他二人恨不得雇用一辆老驴车把这堆手稿送到出版社。别人写书赚钱，他二人写书赔钱，出版社当时给他俩的回复是"出版可以但需自费"。这部被称为 20 世纪科学重大成果的三卷本著作，成了罗素和怀特海的一桩赔钱买卖。

正所谓一千个读者心中就有一千个哈姆雷特，而一千个哲学家心中也有一千个哲学。倘若你问罗素"哲学是什么"，罗素的回答一定是"哲学的本质是逻辑"。作为分析哲学的代表人物，罗素认为：凡是哲学问题，在经过逻辑分析之后，都称不上是哲学问题，而是一个逻辑问题。传统的形而上学之所以有那么多争论，是因为他们依靠的"逻辑"不正确。我们要了解罗素的逻辑分析方法，绕不开的一个话题就是"罗素悖论"。那什么是悖论呢？悖论（paradox）指的是明明自相矛盾却又能自圆其说的命题，正所谓假作真时真亦假，无为有处有还

罗　素

Bertrand Russell（1872–1970）

无。比方说，历史上有几个非常有名的悖论：

一个克里特人说："我说这句话时正在说谎。"

然后，这个克里特人就问听众他上面说的是真话还是谎话？再比方：

柏拉图说："我的老师苏格拉底老师下面的话是假话。"

苏格拉底则答道："柏拉图上面的话是真话。"

于是，我们不论假设苏格拉底的话是真还是假，都会引起矛盾。这一系列悖论都可以用一个形式表示：即如果事件 A 发生，则推导出非 A，非 A 发生却又推导出 A。悖论理论如今被广泛地用于各种文学小说科幻电影创作中，科幻电影《十二只猴子》《恐怖游轮》以及言情穿越小说《步步惊心》等都讲述了男女猪脚们千里迢迢穿越时空本欲阻止某事发生，结果却发现正是因为自己的到来才导致某事发生的悲催故事。（强烈推荐《恐怖游轮》，结构精致，哲学味道很浓。）

悖论虽然欢乐益智，但对数学和逻辑学来说，足以伤身。如果一个数学家一辈子研究证明的问题，被人发现基础环节出现悖论，那么建立在基础之上所有看似精致的证明演绎推论，一秒钟之内将如大厦倾塌，这个倒霉蛋数学家会被气得吐血身亡。比方说，"罗素悖论"的出现就直接动摇了数学家弗雷格的公理体系，遭受打击的弗雷格从此心灰意冷，数学江湖金盆洗手回家卖红薯了。

出尽风头的"罗素悖论"，从集合出发，指出一切集合分为两种：一类集合以自身为元素，另一类集合不以自身为元素。关于这第二类集合，就产生了悖论：试问这第二类集合组成的集合，是自己的对象吗？如果你回答说"是"，那么这个集合应该和它里面的元素一样，不是自己的成员，而这却与你的答案矛盾了；那如果你回答说"不是"，那这一集合又成了自身的元素，这再次与你的回答相反。好吧，估计已经有人脑子已然一盆糨糊了。那我们来看个和"罗素悖论"等值的悖论例子吧——"理发师悖论"。一位理发师对外宣布"我只给城里那些不给自己刮脸的人刮脸"，试问理发师能不能给自己刮脸呢？如果他不给自己刮脸，则他属于"城里不给自己刮脸的人"，他就可以为自己刮脸；如果他给自己刮脸，他却不属于"城里不给自己刮脸的人"，他又不能为自己刮脸。

如何攻克悖论这个令人纠结的难题呢？罗素指出，之所以悖论能产生，是因为我们以任意的方式构造集合，这些集合的构造方式并不合法。我们认为一类事物既可以包含整体，又可以包含各个部分，但实际上这样构成的类是不合法的总体，它只要存在就会引起恶性循环。罗素为此提出了类型论：简单类型论和分支类型论。个体、个体的集合、个体集合的集合在系统上属于不同的层次，在逻辑上属于不同的类型，故而表述它们的符号和命题也属于不同的类型和等级。举个例子来说，如果一个人说"《不疯魔，不哲学》真棒"，这是第一级的命题，那我们对他的话作出的反应"他说'《不疯魔，不哲学》真棒'真棒"，则是第二级的命题。低级类型的集合可以归入高级类型，但是高级类型的集合不能再看作是低级类型的元素。于是，我们再回到克里特人那个有名的悖论"我说这句话时正在说谎"，我们就要问他针对的是哪一级命题，如果"我说谎"是第一级命题，那么他的"我说'我说谎'"则是第二级命题。第二级命题不能再指称第一级命题。这样一来，命题不能反指自身，悖论的麻烦也不会产生。

为了对语言作更进一步的逻辑式分析，罗素提出了大名鼎鼎的"摹状词理论"。所谓摹状词指的就是由冠词普通名词以及限定语构成的专门用来表示事物的词组。摹状词一般由几个字组成，人们了解这几个字的特定意义，于是就把握了摹状词的意义。比方说，一个专有名词"波德莱尔"，很多人一头雾水不知所指，但是摹状词就可以这样描述："《恶之花》的作者"。这样一来，尽管大家依旧不认识波德莱尔，却通过摹状词把握了他。罗素指出，因为摹状词，人们突破了个人经验的限制，通过摹状词的描述而扩大了个体的知识。而摹状词理论最大的意义就在于：它试图要澄清哲学以来一个非常厚重的问题——"存在"问题，即"being"。用罗素自己的话说："如果你取任何一个命题函项并且断言它是可能的（即它有时真），那么这就给予了你关于'存在'的最基本的意义。你可以用以下说法表达这个意义：至少有 X 的一个值，对此，这个命题函项是真的。"这意味着，我们经常在句子中用到的词，尽管词语本身存在，但词语本身代表的对象不一定存在。比方说，"金山不存在"，就意味着"就 X 的一个值来说，'X 是金的且是一座山'这个命题函项是假的"。所以，哲学上很多关于"存在"的似是而非争论，是因为赋予了摹状词太多的存在意义，这些问题可以通过分析哲学迎刃而解。

　　花心公子哥罗素曾说，他给自己贴的唯一标签是逻辑原子主义。罗素这一思想的形成很大程度受其学生维特根斯坦的启发。逻辑原子主义主张和物理学中世界是由"原子"构成一样，哲学的世界也可以分解成认识论上的最小单位，从而把握世界的逻辑构成。逻辑原子主义认为，构成世界的基本单位是原子事实，事实不等于事物。"一个苹果"是事物，而"砸中牛顿脑袋的苹果"则是个事实。一个事实就是一个命题，事实决定了命题的真假。每一个事实都属于客观世界，不是人脑自己臆想出来的。罗素认为，语言结构与世界的结构一致，世界通过语言可以被反映，那些反映世界的最基本，不可再分的命题被称为原子命题，原子命题反映了原子事实。原子命题又构成较为复杂分子命题，人类的一切知识都是原子命题通过数理逻辑以真值函项的形式重复地、复杂地连接而成。

为了追求知识的确定性，罗素挑选了武器"奥卡姆的剃刀"。这位中世纪著名唯名论哲学家奥卡姆的方法论被概括为："如无必要，勿增实体。"说白了就是化繁为简，如果一个现象有两种假说，那我们就采取最简单的那种假说。当罗素用锋利的剃刀去掉多余的枝叶藤蔓，他发现：直接的感觉经验和可靠的演绎推理是剩下的最基本的东西。于是，罗素紧接着就用逻辑，这个强有力的黏胶，把各个支离破碎、分散不一的经验黏合在一起，这样构建的知识大厦，牢固结实，百毒不侵。

如果让我客观地讲，罗素在哲学上并不是执牛耳者，就其逻辑原子主义，我觉得并没有超过他的学生维特根斯坦，罗素自己也承认他的很多灵感是受到维特的启发。罗素的哲学思想经常发生变动，我们一方面可以夸奖他从未故步自封，他的思想总是不断推陈出新包容开放；但另一方面，这却反映出他哲学思想的不成熟不稳定。尽管如此，我本人却非常喜欢罗素，喜欢的不仅仅是哲学家罗素，更是思想家罗素，身体力行有着强烈社会责任感的斗士罗素。

天才高富帅维特根斯坦一辈子清心寡欲，宛若空谷幽兰，他的哲学才华犹如高山，于高山，我们唯有仰止。而罗素，他夸父追日般对真理的追求，强烈的社会责任感，期待人类幸福自由的拳拳之心却能让我起立鼓掌。罗素，用今天的话来讲，是一位"公共知识分子"。公知罗素从来没有自囿于书斋，他从来都不是一个无力的书生。当人类遭遇血腥罪恶，当不公正如影随形，当政治上宗教上的异端被残忍迫害，当核武器强悍粗暴地威胁着和平与安全，罗素挺身而出，不辞辛苦。当他的身份足以成为长江学者、教育部重大哲学社科项目评审人、名誉校长，足以被国家领导人亲切接见时，公知罗素却选择了另外一条路，在这条路上他上过法庭，静坐过街头，下过大牢。他受得来多大赞美，就抵御住多少毁谤；他获得过诺贝尔文学奖品尝过泡沫四溢的香槟美酒，就领教过身陷囹圄铁槛牢门的冰凉。罗素于我，从来都不是一个面目模糊的哲学家，尽管他缺点很多：花心、为了赚稿费书稿质量良莠不齐、《西方哲学史》中错误很多……但这些并不妨碍我喜爱罗素：他真实，他有血有肉，他那么强烈地存在过。

罗素的《西方哲学史》，是我的哲学启蒙读物，那时的我初窥哲学门径，胆怯羞涩。这本清新泼辣、娓娓道来的哲学史，使我大开眼界、耳目一新：罗素竟然敢这样开哲学家的玩笑！哲学史原来也可以这样卖萌！尽管现在看来，罗素对很多哲学家的思想描述有误，对很多哲学家的批评明显醋意四射，但瑕不掩瑜。面对哲学群星闪耀，我们早已习惯跪地膜拜，但是听罗素讲这些伟人的囧事，我们一点一点站了起来。或许，我从来都没有喜欢过那种把哲学家的思想梳理得再清晰不过，却没有自己立场看法的哲学史作

者。如果每个哲学家的思想都正确，那只能说明一点：作者错了。他本人还身在此山中，未曾勘破。

因为罗素的《西方哲学史》，哲学第一次也可以成为畅销书。哲学，这只傲娇的王谢堂前燕，才得以飞入寻常百姓家。委实，不可能人人哲学王，人类历史的发展归根到底还是在尘世粗糙的物质生产活动中，但哲学并不是高贵自矜，他人止步。哲学不是哲学家束之高阁的语言游戏，哲学以不同形式反映着每个时代的问题，回答着每个时代的疑惑，揭示着每个时代的矛盾。哲学对现实的反映，犹如梦对现实的反映一样，不是那么的直截了当、一览无余。然而，就像叔本华的唯意志论走红，是因为 1848 年欧洲革命失败，理性主义灰飞烟灭；恰如萨特的存在主义风靡，是因为"二战"结束，满目疮痍，人们苦闷消极。哲学归根到底，是自己时代精神的精华！

于是，我翻身上马，手中紧握名唤"哲学十二钗"的利剑，猎猎西风，长衫如雪。此时此刻，我多么希望自己能成为哲学江湖里一位武林高手，高山之巅，夕阳之下，我迎风疾呼：

哲学，谁的哲学？！

Soren Aabye Kierkegaard

落跑新郎
克尔凯郭尔

Soren Aabye Kierkegaard
(1813–1855)

1837 年，日德兰半岛，丹麦。

安徒生此时已经发表了《海的女儿》《丑小鸭》《野天鹅》等一系列美丽又忧伤的童话故事。在这一年里，他又发表了小说《不过是个提琴手》，令他万万没有想到的是，自己的这篇小说竟会受到冷落；更令他痛心的是，在一本文学评论里他竟然被人无情地嘲讽："安徒生更适合乘车去欧洲考察，而不是研究人类的情感史。"许多年以后，已经成为童话大师的安徒生都不忘在自传中调侃式地提起这件令他耿耿于怀的往事。而那位写下刻薄评语的评论家，正是另外一位丹麦人：克尔凯郭尔。

很多人喜欢电影《海上钢琴师》，片中那位孤独忧郁远离世俗，放弃爱情，沉浸在自己精神世界里的天才钢琴师的原型正是克尔凯郭尔。只不过，克尔凯郭尔不是一位天才钢琴家，他是一位天才哲学家。

哲学家与女人的关系一直为后世所津津乐道。

这一点倒不是后世多八卦，而是因为贵圈存在着一个颇值得人玩味的现象：三分之一的哲学家都是独身主义者。比方说柏拉图、笛卡尔、斯宾诺莎、莱布尼茨、伏尔泰、康德、帕斯卡尔、克尔凯郭尔、斯宾塞、尼采、叔本华……

而哲学家与女人的关系也总是表现为一个悖论：远离女人似乎更能成为一个哲学家，可每位哲学家背后却似乎都有一位令他或魂牵梦萦或咬牙切齿的欲罢不能的女人。尼采有莎乐美，叔本华有他老妈约翰娜·叔本华，帕斯卡尔有夏洛，萨特有波伏娃，克尔凯郭尔也有蕾琪娜。

　　当克尔凯郭尔和蕾琪娜订婚的消息传遍全城时，大家都感叹这一对小男女可真是郎才女貌，匹配度极高。他二人出身皆是上流社会，一个是富贵才子，一个是锦绣佳人，另外，克尔凯郭尔又心仪蕾琪娜多年并主动求婚，郎有情，妾也有意，天作之合莫过于此。然而，天意向来高难测，订婚后的第三天，克尔凯郭尔就有了悔婚之意，接下来的日子里，克尔凯郭尔多次暗示蕾琪娜，想让她主动退婚，可陷入爱河的蕾琪娜兴奋得像只小鸟，忙碌地备嫁妆选婚纱印喜帖，未能领悟克尔凯郭尔之意。于是，某天，纠结逡巡了很久的克尔凯郭尔痛下决心快刀斩乱麻，他将婚戒退给蕾琪娜，并呈上一封拒信，这封拒信没什么特点，大意就是："我不能使你幸福。"收到信后蕾琪娜震惊无比，苦苦哀求克尔凯郭尔回心转意，无奈克尔凯郭尔离意已决，一段美好姻缘就此打住。

　　关于为什么克尔凯郭尔临阵脱逃，在一百个世俗人眼里有一百种世俗的解释，但真正的原因世俗之人却很难理解：克尔凯郭尔在灵与肉、世俗世界与精神世界的纠结中，选择了灵与精神世界，放弃了肉与世俗世界，他把自己像祭品一样贡献给了上帝。

　　克尔凯郭尔（Kierkegaard），这个名字在丹麦语中，除了有教堂的意思，还有墓地的意思，而克尔凯郭尔的书被取名为《或此或彼》《恐惧与战栗》《畏的概念》……这一切的一切似乎都向我们直观地传递了一个信号：克尔凯郭尔是一个纠结又不幸的人。

　　没错，克尔凯郭尔的肉体羸弱佝偻畸零，克尔凯郭尔的精神焦虑恐惧绝望，他把自己陷入孤独精神的泥淖中，愈陷愈深，难以自拔。说起来，不幸的人大多都有一个不幸的童年。

　　克尔凯郭尔的父亲老克尔凯郭尔，曾是放羊娃，年轻困顿时他曾抱怨生活诅咒过上帝，中年发迹后，又在正房夫人去世的守丧期内，与女仆有染，后奉子成婚。然而，作为虔诚的宗教徒，老克尔凯郭尔觉得自己的两次渎神行为罪大恶极，为此，他冷落妻儿，怀着强烈的原罪感，活在自己营造的森然抑郁的环境里。对于小克尔凯郭尔来说，童年永远是一抹灰暗色：在这个家里母亲不像母亲，更像一个女仆，永远少言寡语逆来顺受；而父亲不像父亲，永远表情阴鸷态度粗暴。或许你我身边也有过这样的小孩，畸形的家庭让他们过于反叛，很容易就走向极端：他们喜欢打架斗殴，滋惹是非，挑战秩序。如果克尔凯郭尔是一个体格健魄的孩子，他也许也会通过这样的途径反抗父亲的管束，发泄自己的情绪，可偏巧克尔凯郭尔又生得弯腰驼背，瘦弱如豆芽菜，他无力反抗。于是乎，一扇向

Soren Aabye Kierkegaard.

克尔凯郭尔
Soren Aabye Kierkegaard（1813–1855）

外发泄的大门关闭了，而另外一扇向内的通向精神世界的大门，向他打开了。从童年起，克尔凯郭尔就远离人伦世俗，只活在自己的精神世界中。

然而，上帝似乎不介意让克尔凯郭尔承受更多的苦难，克尔凯郭尔的母亲还有五个兄姐都先离他而去，而此时老克尔凯郭尔也已偏执到了极点，他固执地认为自己正在接受上帝的惩罚，上帝不会让自己的孩子活过 33 岁（耶稣 33 岁被钉死在十字架上）。步入暮年苟延残喘的老克尔凯郭尔经常借酒消愁，一日醉酒后他向克尔凯郭尔吐露了一个惊悚的秘密，这个秘密究竟是什么，我们现在不得而知。得知秘密后的克尔凯郭尔行为反常性乖张，他从此决定不做天使，要做野兽。他开始远离神学和哲学，决心去拥抱新鲜热辣的生活和人群，并打算通过"犯罪"认识生活。他开始和一群纨绔子弟混在一起，泡酒吧混夜店进赌场，可这些只不过是放浪形骸却算不上"犯罪"，直到有一天，他终于违反了治安管理处罚条例，去了人的动物性和欲望的原始场——青楼。

克尔凯郭尔最终失败了，没有人知晓那晚究竟发生了什么，只知道克尔凯郭尔在日记本上战栗愧疚地仅记下了一句"野兽般的咯咯笑声"。野兽他身体孱弱没能力当，地狱门口他徘徊又不敢进去，克尔凯郭尔的自我反叛最后以失败告终。从此以后，上帝呀上帝，一个青年再次虔诚地皈依于你，且发誓不弃不离。

阅读哲学家的作品时，有一个有趣的现象。对于有的哲学家，你直接阅读他的作品即可，而不必知道他的生平经历，但对于像克尔凯郭尔这样的哲学家，他的哲学作品几乎就是他的自传和内心独白。不了解他的一生，不足以把握他的哲学思想。接二连三的苦难使得克尔凯郭尔一生的主色调就是：抑郁、怀疑、敏感、孤独、绝望。然而，当爱情降临时，当一个如圣母玛利亚般温柔光辉的女性能温暖他干涸的心房时，他又哆嗦地拒绝了。拒绝了蕾琪娜的克尔凯郭尔开始在信仰的精神道路上大步前进，而之前与蕾琪娜的交往，也成为日后克尔凯郭尔写作时的素材和持续不断的灵感土壤。无独有偶，另外一个推崇他，视他为精神邻居的文学家卡夫卡，也曾和订了婚的未婚妻退了婚，不过卡夫卡是退了又订，订了再退，折腾不休。克尔凯郭尔和卡夫卡的相似处很多：他们都是存在主义大师，基调都孤独绝望；二人都有婚姻恐惧症，都曾有过退婚经历；他们生前皆默默无闻，死后方才名声大噪。

克尔凯郭尔死后将近一百年，他的思想才得以引起人们的广泛关注，各种理论流派都纷纷追认他为先驱。马克·吐温曾写过一篇讽刺小说《他是否还在人间》，故事主人翁法国著名画家米勒，穷困潦倒，于是和几个朋友商量决定装死，他的朋友们借他快死的消息炒作鼓吹他的画，他"死"后画作价格果然青云直上。马克·吐温借小说讽刺了人们对于艺术的势利态度。其实，又何止是在艺术界，在文学界哲学界也一直存在着这样的现象：作者生前受尽凄苦，死后作品方才洛阳纸贵。然而，在我看来，这并不能简单地归咎于世人的虚伪和势利，而是作为一个文艺工作者，他的作品和理论尽管是他所生活的那个时代的反映和精华，但有时候，却总会前卫地超越他生活的时代，世人不懂，后人才懂，情有可原。

克尔凯郭尔死后一个世纪，人们惊讶地发现他竟然是一位三栖明星，他在存在主义、精神分析学说、宗教神学三个方面有着过人的成就。存在主义三剑客雅斯贝尔斯、海德格尔与萨特，都承认克尔凯郭尔是领路人。正如他的书名《或此或彼》所要表达的，克尔凯郭尔的存在主义是一种选择，人只有在自由抉择中才能获得自己的本质。在克尔凯郭尔那里，存在不是一个名词，而是一个动作，只有人才谈得上"存在"。因为，只有人才会孜孜不倦地追问"我是什么？"存在是一种生动活泼的个体的存在，而不是普遍的群众的存在，此外，克尔凯郭尔认为存在还有三境界。

存在三境界之审美阶段　代表人物：唐璜、浮士德

克尔凯郭尔在《或此或彼》的第一部分提出了审美阶段，这一阶段是一种感性阶段，追求的是感官的愉悦和刺激，在这

一阶段并没有固定的道德标准和宗教信仰。比方说，著名历史人物唐璜就是这一阶段的典型代表，唐璜的人生态度就是享乐主义，他勾引女人，却又始乱终弃。他今朝有酒今朝醉，他的人生被肉欲和情感所支配。然而，审美的欢愉稍纵即逝，感官快感之后无聊与空虚便长驱直入，浮士德此时取代了唐璜。浮士德的人生态度是怀疑主义，怀疑终将吞噬一切，审美只能借助于绝望，人在极端绝望的情况下，"跳跃"（leap）到另外一个存在境界，伦理阶段。

存在三境界之伦理阶段　代表人物：苏格拉底

克尔凯郭尔在《或此或彼》的第二部分提出了伦理阶段，这一阶段突破了审美阶段的感性限制，人们开始追求德行和法则。伦理的人倾向于理性，信奉德行准则和义务。比方说，苏格拉底就是为了坚守良心和真理而放弃认罪，被判死刑。当弟子们认为判决不公，怂恿老师不去执行甚至越狱时，苏格拉底却选择了遵守法律，从而牺牲掉生命。

当然，伦理阶段并不完美，它有着自己的缺陷：普遍的伦理法则并不能体现个人的存在，也不能包容个人的具体行为。在《恐惧与战栗》中，克尔凯郭尔就提出了亚伯拉罕的难题：上帝命令教徒亚伯拉罕杀子，倘若亚伯拉罕杀了儿子那是不道德的不伦理的，可若是不杀，又违背了上帝。亚伯拉罕面对的道德困境正显示了人自身的有限性，于是再一次"跳跃"，步入宗教人生吧。

存在三境界之宗教阶段　代表人物：亚伯拉罕

宗教阶段的人已经摒弃了审美阶段的物欲与肉欲，也摆脱了伦理阶段中道德法则和伦理义务的束缚，人此时面对的，只有上帝。亚伯拉罕最终听从上帝的指示，含泪杀子，最后关头，上帝突然用一只公羊代替了亚伯拉罕的儿子，蜡烛瞬间点亮音乐轻轻响起，人们大呼："surprise！"上帝紧握亚伯拉罕的双手："同志，恭喜你，顺利通过了组织的考验！"

亚伯拉罕在这场考验中，境界得到了升华。

在宗教阶段，人依靠的是非理性之外的神秘，是一种"荒谬"。宗教的人不是理性的人，是一种非理性的追求情感和意志的人；宗教的人也不是社会化的人，是一个个追求着个性和自由在人群中却依然感受到孤独的人；宗教的人更不是那些看似虔诚却又一无所知循规蹈矩的教徒们，他们说到底不过是遵循着教规和仪式的伦理阶段的人。宗教阶段的人，体验着人生的莫大痛苦，当痛苦到生活对他毫无意义，上帝就会降临。宗教的人，是"信仰骑士"，唯有信仰才能在荒诞偶然的存在中，仰天大呼："啊，请赐予我力量吧！"这个信仰骑士，摆脱了必然性，从有限进入无限，在必然之外觅求可能，他通过自我的

9

选择从一种生存状态纵情一跃到另外一种状态。

李安导演的电影《少年派的奇幻漂流》充满了复杂的哲学元素，其中一个哲学解读的维度就是克尔凯郭尔"宗教的人"。少年的 Pi 信奉多种宗教，他的父亲曾一语道破：什么都信等于什么都不信。此时的 Pi 貌似是宗教信徒，但严格意义上讲，他不是宗教信徒。在克尔凯郭尔眼里，Pi 不过是遵循着教规和仪式的伦理阶段的人。在 Pi 遭遇了海上的一系列磨难后，他从理性的人变成非理性的个体，他的内心生活痛苦神秘，终于，当生活对他而言什么都不是的时候，另外一个意思上的神终于出现，Pi 最终获救并成为一个真正意义上宗教的人。电影里少年的 Pi 吃饭时会祷告，中年 Pi 吃饭还在祈祷，这份祈祷和信仰却经历了否定之否定的一次升华。可以说，在这次奇幻漂流中，人与人类的信仰遭遇了一次奇遇，完成了一次升华。

克尔凯郭尔笔下的人，都是一个个非理性的个体，他们的内心生活痛苦神秘，不为外人所知。翻翻西方文明史，我们发现，人的自尊心曾遭遇了三次重创。第一次是哥白尼的日心说，哥白尼告诉人们，不要以为自己就是宇宙的中心，咱们赖以生存的地球其实是围绕着太阳转的。第二次是达尔文的进化论，他用大量资料证明了一个事实：人没有多神圣，不过是猴子变的，和其他一些动物也都是近亲。第三次是弗洛伊德的潜意识理论，人的一切活动的根本动力其实不是什么理性，而是动物性的本能冲动，非理性从此有了深刻的穿透力。然而，克尔凯郭尔比弗洛伊德早了半个世纪。

克尔凯郭尔生活的那个年代，黑格尔同学的理性主义哲学在欧洲大陆上极为畅销。黑格尔建立了一个体系，在这个体系里，"绝对精神"经历了正—反—合，演绎出了世界与万物。绝对精神的发展表现为历史运动，在这场声势浩大的历史运动中，人不过是绝对精神实现自己的工具而已。别说普通的个人，就连被黑格尔誉为"马背上的世界灵魂"的大英雄拿破仑，归根到底也不过是"理性狡计"的代言人，个人在黑格尔那里毫无地位。黑格尔的哲学是把一切事物都纳入观念的逻辑体系，然后概念自身的矛盾又推动体系的发展。他的哲学强调普遍性而忽视个别，个人只有融入群众，成为世界历史，才能获得意义。所谓的个人的情感，离开历史，没有什么实在的意义。

克尔凯郭尔对黑格尔的哲学体系十分反感：这也太功利了吧，按照你的理论，每个人必须顺应世界，才能获得意义。那我这样边缘化的人呢？我一辈子没正经工作，没结婚没家庭，没生儿育女，没顺应主流，我是不是就没有存在过？克尔凯郭尔狠狠清算了黑格尔的哲学：存在是荒谬的，个体是善变的，你用逻辑推演出一个坚固的体系，可人类的感情意志却超越逻辑。在一个有血有肉的人面前，理性与逻辑是冰冷的，令人裹足不前。你以为你的体系是宫殿，可它并不适合人类居住。

在后世的许多理论家看来，克尔凯郭尔的哲学格局不怎么大，理论性也不怎么强——他的哲学全都是围绕着"自我"。然而，正是这"自我"，这个不是唯物意义上生命存在物的自我，也不是唯心意义上"主体性"、"个体性"的自我，而是生存意义上追求自己命运的自我，使得人的生存成为一个持续的状态，而人的本质就在这可能性中。存在不是"存在着"，存在在选择与动作中得以体现一个通过选择从一种生存状态纵情一跃到另一种生存状态的人，才真正存在。

现代社会中，广告创造出大众的口味与需求，媒体复制出大众的喜怒哀乐，个人消融于追求感官享受和物欲追逐的群体，人的个性就此消失了。正是这个"格局不大"的克尔凯郭尔，提出了一个前世哲学家们重视不够，后世哲学家急需高度重视的问题：关于个人生存的哲学问题。

克尔凯郭尔去世时仅 42 岁，和另外一位存在主义先驱尼采一样，他也晕倒在大街上，送入医院后不久就死了。克尔凯郭尔用自己短暂却苦难的一生证明了他不可复制的"存在"，他那孤独、焦虑、绝望、恐惧、战栗的存在，他就是"那个个人"。（克尔凯郭尔的墓志铭。）

此刻有谁在世上某处哭，

无缘无故在世上哭，

在哭我。

此刻有谁夜间在某处笑，

无缘无故在夜间笑，

在笑我。

此刻有谁在世上某处走，

无缘无故在世上走，

走向我。

此刻有谁在世上某处死，

无缘无故在世上死，

望着我。

——里尔克

克尔凯郭尔去世的那天是 11 月 11 日，如果他泉下有知，后世那么多单身小男女日后将会在这天热闹地过一个节，孤独惯了的他是"或哭或笑"，还是"恐惧与战栗"呢？

Machiavelli

马基雅维利：
枪杆子里出政权

Machiavelli
(1469–1527)

请认真阅读以下材料，并回答几个问题：

公元 1673 年，康熙十五年。平西王镇守西南，因其励精图治，整顿朝政，惩办恶吏，西南重镇一片政清人和、百废俱兴之势，为此，坊间百姓皆传平西王赴京入阁只是时间问题。

然旦夕之间，风起云涌，气数皆变。先是平西王麾下王氏捕头月黑天高夜遁逃，投敌番邦美利坚，继而平西王妃为保世子，投毒杀人，至此，平西王功败垂成，功亏一篑。

对此，有云：平西王敛财无数，耽于女色，朝廷削藩，大快人心。

又云：平西王久握重镇，事成尾大，于朝廷初为疥癣，终成心腹。

一时间正史稗官野史，众说纷纭，真相扑朔迷离。阅读完上述材料，1. 你认为政治斗争的本质是：

    A. 刀光剑影、波谲云诡、你死我活、鱼死网破

    B. 路线之争

    C. 利益之争

    D. 阶级斗争

2. 在你眼里，一名合格的政治家，最应该具备的职业素质是：

    A. 演技好

    B. 高危职业所以需要心脏好，体质好

C.修身明己、多谋善断、以德服人

D.要像狮子一样凶猛，要像狐狸一样狡猾

最早提出政治家"要像狮子一样凶猛，要像狐狸一样狡猾"的正是意大利人马基雅维利。对于长期浸淫于传统政治厚黑文化的中国人民而言，马基雅维利一点都不陌生，那些宫廷剧里斗来斗去的后宫女人太监奸臣也都在不同程度演绎着马基雅维利主义。

而事实上，马基雅维利却是一个饱受误解的人，他的名字总是与"阴谋阳谋""玩弄权术""厚黑奸诈""机关算尽"等紧密联系在一起，他的名著《君主论》也惨遭谤伤无数，迎来千古之骂名。不过，骂他的人里，很多都是偷偷买来《君主论》看得心里暗爽，看完后又道貌岸然地跳出来怒斥"一派胡言，妖言惑众"的一些政治家们和伪善的教徒。然而，不论假象如何乱花渐欲迷人眼，在真相层面，古往今来要想成为一名合格的优秀的政治家，必读书目之一正是《君主论》，但政治家们永远对这一点讳莫如深。

马基雅维利究竟在《君主论》中向君主出了什么谋献了什么计呢？他说：君主应该勇猛如狮子，狡猾似狐狸；政治理性不等于政治道德，君主不必过分在乎美誉，为了达到目的，不排斥不仁之举；明智君主应该选择令人畏惧而非受人爱戴；君主应该避开谄媚之人，同时不要任用比自己还无情的顾问；君主不应费力得到慷慨之名，也不必在意落下吝啬的恶名；君主完成伟业靠的是狡诈而非守信，但君主成为君主后表现出有诚信是必要的；君主要避免遭人蔑视和仇恨；君主必须组建和掌握一支属于自己的军队，选择雇佣军，如果指望外国援军纯属自取灭亡。……马基雅维利以上言论的确大胆鲁莽，《君主论》看起来也不仅仅适用于君主，一般的领导职员公司白领想要驾驭手下，升官发财，趋利避害，都可以在《君主论》里找到锦囊妙计。《君主论》后来也曾被一对邪恶基友希特勒和墨索里尼奉为枕边宝典，似乎全世界都有理由痛斥马基雅维利奉行的不择手段和独裁卑鄙。然而，令人啼笑皆非的是，马基雅维利本人却是一位出生在共和背景深厚世家的共和主义者，这位共和国的绝对忠仆因为共和国被推翻，美第奇家族复辟而身陷囹圄。出狱后，马基雅维利为了实现自己的政治抱负，阿谀奉承地写下《君主论》一书试图讨新君主欢心，而新君主却对马基雅维利的示好无动于衷。尽管后来美第奇家族的接班人又重新启用了马基雅维利，但好景不长，共和国再次卷土重来，美第奇家族彻底垮台。马基雅维利欢欣雀跃地想为共和国再次效犬马之劳，而这次共和国无情地拒绝了这位和美第奇家族有着说不清道不明关系的共和主义者，马基雅维利的政治生涯以及人生生涯就此结束。

共和主义者马基雅维利，尽管除了《君主论》，他还曾写

Machiavelli

马基雅维利
Machiavelli（1469–1527）

过讨论共和主义的《论李维》，喜剧《曼陀罗》《金驴记》等作品，但一本《君主论》，已经奠定了人们心中他那臭名昭著的"为了目的，不惜一切手段"的马基雅维利主义形象。于是形式再次遮蔽了内容，马基雅维利的另外一个伟大身份却鲜有人问津：

他是西方近代共和主义政治哲学的先驱。

如果要用一句话形容这位先驱究竟做了什么，我们可以说：马基雅维利让道德和政治离了婚。

在马基雅维利之前，从修昔底德的《伯罗奔尼撒战争史》到柏拉图的《理想国》再到亚里士多德的《政治学》，古希腊的政治都与道德密切相关，政治理念以及政治体系都以道德为重要前提。古典政治哲学建立在人性向善的基础之上，一个人只有是城邦里的人，通过政治生活，追求政治道德，发挥出德性，他才是一个完整意义上的人，政治永远从属于道德之下。柏拉图《理想国》的核心就是"哲学王"，国王最好是哲学家，哲学家才能把政治、哲学、美德结合为一体。亚里士多德认为人是政治的动物，每个政治共同体都有一个目的——善。古希腊的政治哲学是一种"目的论"，政治的世界是依靠"目的"支撑起来的，古希腊的政治和城邦追求的是"至善原则"，这种共同善就是"目的论"，因为善并不是现实政治生活中大家追求得到的，而是先验地假设出来的。

如果说柏拉图、亚里士多德等哲学家追求的是"应然"（应该是）的绝对真理，那马基雅维利追求的则是"实然"（是什么）的事实之真。一般的哲学家毕生追求的不过是理念中的理想世界，但政治毕竟不是头脑中的产物与思想游戏，它是实实在在的关于权力、利益、功利的现实活动，马基雅维利用"是"取消了"应该"。在马基雅维利看来，尽管古典政治哲学都在孜孜不倦地追求着道德和善，但在现实领域中，道德与道德之间却发生着矛盾，比方说，基督教的道德与古罗马的道德就发生了冲突。基督教的道德强调谦卑矜持，仁慈博爱——如果有人打你右脸，你要转过左脸由他打；而古罗马的道德崇尚孔武有力、爱国、勇敢坚韧。这样一来，一个人面对两种道德谱系，在具体选择上就会出现冲突。马基雅维利就是要凭借两种道德的冲突来否定绝对的无条件的道德，瓦解道德对政治的支配。一个政治人，是处在世俗世界和经验世界中的人，他永远做不到像古典政治哲学所宣称的那么德性那么至善。

说起来，政治哲学很有意思，一方面它要替哲学家辩护，哲学家是必要的，除了政治，还有其他事物的价值高于城邦本身；另一方面，它要替政治生活辩护，哲学家可以不问世事地研究哲学，而大多数人却生活在功利的现实政治生活中。从马基雅维利开始，西方近现代的政治哲学开始抛弃古典政治哲学所设置的目的论，承认政治不过是人的政治，政治不需要关注超越人的更高的目的。于是，马基雅维利之后，有霍布斯的《利维坦》——国家以及政治权力就是邪恶怪物"利维坦"；有斯宾诺莎的《神学政治论》——将不可一世的基督教从神坛上拉回到人类尘世的历史中；有了卢梭在《社会契约论》里多次引用马基雅维利的著作，有了莎士比亚笔下马基雅维利主义君主的化身《哈姆雷特》《理查三世》等。

有个有趣的事情是，西方曾有本畅销书叫作《扰乱世界的十本书》，其中马基雅维利的《君主论》，霍布斯的《利维坦》是扰乱的开始，卢梭的《论人类不平等的起源和基础》位居十本书排行榜第一，作者认为这些书扰乱了人类世界，制造出混乱，给人类带来负面影响。殊不知，作者犯了一个明显的错误，人类世界并非仅从思想上就能被扰乱，人类的思想杂多浩瀚，但一种思想能成功挤走其他思想成为主导，根源于当时的经济政治条件，如果今天有人在德国某个广场大声叫嚣着："万岁，纳粹！"他的听众寥寥，但若是回到20世纪40年代，此举却会一呼百应。

老马家有两个胆大的孩子，这两个孩子在某种程度上都完成了一场"革命"，并都因为这些革命引来无数美誉，招来无尽谤伤，其中一个孩子是马基雅维利，另一个是马克思。有人赞美马基雅维利是近代共和主义的先驱，有人却唾骂他是恶棍奸诈，《君主论》不是学术，是权术宝典；有人称颂马克思关注劳工，改变了世界，有人却咒骂他是魔头骗子，他的学说不过是拿别人的辩证法和唯物主义，简单复制粘贴。

在某种意义上，这两个人的"革命"有着相似之处，都是打破了观念世界的桎梏，将目光关注到现实生活中的人。马基雅维利促使政治哲学从目的论中破茧而出，把政治从道德中分离出来，政治生活是现实功利的世界而非抽象的理念世界。马克思将哲学从形而上的体系中解放出来——哲学家都是在不同程度解释着世界，而目的在于改变世界，马克思反对抽象地讨论人，而将人还原为具体生产关系中的人。我们看到，这两场革命都把形而上拉到了形而下的现实世界。

不仅如此，这两个马姓思想家在方法上也有着一致性。马基雅维利说："若考察高山，需厕身平原；若考察平原，需高踞山巅。"只有站在君主的位置才能更好地了解民众。马克思说："人体解剖对于猴体解剖是一把钥匙；反过来说，低等动物身上表露的高等动物征兆，只有在高等动物本身已被认识之后才能理解。"研究资本主义的经济为研究古代社会的经济提供了钥匙。当然，二马也并非全知全能，马克思根据资本自身的悖论诊断出资本主义的必然灭亡和社会主义的必然胜利，但如何建设社会主义却依旧是后世其他理论家与实践家的课题；马基雅维利强调政治应摆脱道德伦理的干扰，回归现实本身，但当政治彻底摆脱道德，谁又来制约权力本身？三权分立？人民代表大会民主集中？二马都想惩前毖后治病救人，病症被诊断出来，但怎么用药却依旧需要在实践中摸索检验。

宅男康德曾在《永久和平论》里提出一个问题：人类需要"政治的道德家"还是"道德的政治家"？在这一点上，康德紧跟偶像卢梭，提倡建立"道德政治"，并站在卢梭的肩膀上，致力于阐释政治中的道德尊严。在康德看来，"道德的政治家"可以把道德作为政治的限定，结合道德与政治；而"政治的道德家"不过是将道德作为政治的手段，让道德服务于政治，上演助纣为虐，与虎谋皮。现实世界里，这出戏屡见不鲜：美国为了利益侵犯他国，但道德上会永远占领制高点，这么做不过是为了维护"人权"；日本侵华，也鼓吹着要建立"大东亚共荣圈"……

然而，听起来十分美好的康德的"道德的政治家"不过是人类社会的一个向往，政治家的道德靠什么来贯彻执行？他们的那些从幼儿园起就开始的道德教化甚至早已内化的道德，也会有一天在赤裸裸的利益冲击下七零八落，流水落花。马基雅维利说得很对，如果你想做一名高尚的凡人，你永远成不了政治家。因为，政治家的职业道德里恰恰没有"道德"。

Erich From

弗洛姆：
人，艺术地去爱吧

Erich Fromm
(1900–1980)

佩姬·古根海姆，这位精明风骚的犹太女人趁着"二战"的兵荒马乱，一边和艺术家们耳鬓厮磨地谈情说爱，一边在她的床上和艺术家们激烈地讨价还价，当她用 4 万美元成功收购包括毕加索、杜尚、达利、布拉克等人在内的 50 件欧洲现代艺术家的作品时，又有谁会曾料到，这个价格在今天连其中任意一幅收藏的边角都买不起。

然而，命运总是层层相扣一环连着一环。时间回到 1912 年，当那艘代表着人类工业文明成果的奢华巨轮泰坦尼克号从英国南安普敦奏响振聋发聩的汽笛，骄傲地划破海面时，人类文明史上那一抹浓浓的哀愁也悄然开始酝酿。佩姬的父亲本杰明·古根海姆很不幸地搭上了泰坦尼克号，早已习惯在众多情妇间游刃有余的他，这一次携情妇回纽约准备参加小女儿的生日宴会。当号称"永不沉没"的泰坦尼克号沉入海底时，佩姬的童年也随之沉没了。后来，继承了父亲遗产的佩姬，远赴欧洲学习艺术，并成为日后伟大的现代艺术收藏的一位女魔头。电影中那位被告知男人不能上救生艇后把情妇送上救生艇转而优雅地回卧室换上礼服，在大厅里和仆人谈笑风生等待死亡的中年贵族绅士正是本杰明·古根海姆。

多年前，我看《泰坦尼克号》，从未注意过这些细节。那时的我一把鼻涕一把泪，为杰克和露丝的爱情唏嘘不已。然后，这么多年的时光，就像一阵大风吹过，卷走了每一个人的年少青涩。多年后，曾经花褪残红青杏小的你我，早已在成人的世界里摸爬滚打一圈，尽管离变成被氧化的烂苹果不远了，可心中依旧有那么一块柔软的保留地。于是，再看一遍《泰坦尼克号》，依旧一把鼻涕一把泪，但这一次不仅仅为人类那该死的爱情，还为人类遭遇灾难的无能为力，以及在灾难面前凸显出来的职责、尊严。

什么是爱情？金风玉露一相逢是爱情，十年生死两茫茫也是爱情。尽管前者如杰克和露丝电光火石一刹那胜却人间无数后，照样会过寻常夫妻的平淡日子，面对现实的龃龉，也许很快便如《革命之路》里争执不断，最终破裂。后者如东坡，前一刻还一往情深地填写《江城子》，后一刻又左拥右抱王朝云等侍妾，研发东坡肉大快朵颐去了。翻翻人类的文学作品，早如《诗经》，弃妇的形象就早已深入人心："士之耽兮，犹可脱也；女之耽兮，不可脱也。"爱情很难彻底纯粹，于是痴男怨女们沉浸在别人的故事中，幻想着那千万分之一的纯粹能幸运地降临在自己身上。

哲学家逃避爱情，文学家渲染爱情，正是因为千万年来，人性中那不曾改变的成分。你我能够读懂几千年以来那口口相传缠绵悱恻的爱情故事，这些故事不分种族、不分国界、不分语言，于恋人甜蜜轻扬的嘴角、黯然失焦的眼神、一嗔一怒中，你明白这就是爱情。尽管生物医学早已表明，爱情不过是一种生物胺类中枢神经递质——多巴胺的分泌。可为了前额皮质传递过来的那份欲仙欲死的美妙，多少人赴汤蹈火前赴后继万死不辞。可惜，多巴胺有时间限制，30 个月后，激情烟消云散。于是，所谓的 happily ever after（从此幸福地生活），只能也只会出现在童话故事的结局，现实中那一个个原本美丽的爱情故事，因为时间限制，又平添了那么多背叛、嫉妒、始乱终弃、忘恩负义的雷同桥段。王尔德曾写过一个小故事：学哲学的男孩准备邀请心爱的女孩参加舞会，为了讨女孩欢心，在冬日的花园里苦苦寻觅一朵红色玫瑰花。夜莺得知了男孩的心意并为男孩的忧郁气质所倾倒，于是用刺扎破自己的小小心脏，用鲜血晕染了一朵红色玫瑰花。当男孩欢欣雀跃地摘下夜莺用生命凝结的玫瑰，献给自己心爱的女孩时，女孩却紧皱眉头，挑剔花的颜色与自己的衣服不配，表示自己更喜欢大臣侄儿送来的珠宝。男孩气急败坏，因爱生恨，气愤地将玫瑰花扔到了阴沟里，表示爱情愚蠢不值一文，还是哲学逻辑有用。故事其实很简单：除了夜莺，男孩和女孩都不懂爱。于是，我们的问题来了，人类该如何去爱呢？

面对这个问题，很不幸的是，迄今为止，没人能够回答。科学工作者探求自然的规律，社科工作者探索历史的规律，人类可以发现规律可以利用规律，然而，却不曾有人找到爱情的规律，爱情这种非理性存在物，从来随心所欲又逾矩。当然，

弗洛姆

Erich Fromm（1900–1980）

你若有心，不妨一试。如果真能寻觅到爱情的规律，多少爱恨情仇都会被消弭，夫妻更加和谐家庭愈加稳定，相信聪明的你，会成为中年主妇的英雄，被理所当然地颁发诺贝尔和平奖。

在和平奖还没有找到合适获奖者之前，面对人类爱情的何去何从，法兰克福学派的弗洛姆同志提出了自己的观点，他写了一本书《爱的艺术》。这本书告诉大家："爱是人与人之间的创造力，爱的本质是给予。"说白了，我爱你，不是因为你爱我。而是我需要你，因为我爱你。每个希冀爱情的人，不要总幻想王子公主从天而降去爱你，而是发挥爱的主体性，尽管你没车没房大腹便便，尽管你龅牙搓衣板身材，但这并不妨碍你去爱别人。爱，就是一种能力。当消费社会物质商品充斥着眼球，《爱的艺术》只为说明一个道理：人类，请艺术地去爱，而不是技术地去爱。

在市场经济的浸染下，爱，人类这种朴素的情感却蜕化了，甚至已经成为一种交换行为，年轻与权力的交换，美丽与金钱的交换……爱也被各种伪爱所替代，偶像化的爱，幻想的爱，病态的爱，于是一个粉丝可以不爱自己的父母却不计一切地"爱"着他的偶像，一个人可以对其他人漠不关心、冷若冰霜却又唯独宠爱他的猫。这个社会早已木石人心，冷漠无情。

爱，在弗洛姆看来，并不是一种浅显的偶然感受，也不是个体偶然幸运地体验并陶醉于其中的纯粹快感。爱，是一门艺术，需要积累知识和不断学习才能掌握。弗洛姆的爱包括博爱、母爱、性爱、自爱、神爱，爱渗透在生活的方方面面。爱这门艺术的本质是给予，这种给予无条件，无索取，不分等级、阶级、种族、民族、国家。爱的基本要素包括关心、尊重、责任心和了解等。当然，这种爱，不是你想有就能有，你需要努力，需要知识的储备才能获得。想要掌握爱这门艺术，你要刻苦勤奋地去学习爱的理论，还要身体力行地去实践爱，体验爱。

弗洛姆在《爱的艺术》中提出了学习的步骤："一方面要精通这门艺术的理论，另一方面要熟悉这门艺术的实践。"

爱的本质是给予，并非所有人都能具有爱的能力，唯有那些放弃剥夺他人或放弃敛聚财富的欲望，勇于奉献的人才是爱的强者。爱是给予，但这种给予也并非是物质的给予，而是将一个人的知识、快乐、理解、兴趣全部奉献给他人，充实着他人，在这种给予中，奉献者本人也实现了自己的潜能，获得莫大的成就感。爱一个人，你在爱他的过程中，也发现了另外一个敏感丰盛的自己。一份真正的爱能增强人们爱的能力和为人奉献的能力，而一个真正懂得爱的人通过自己对一个具体对象的爱显示出他对整个世界的爱。

弗洛姆生于 1900 年，他的一生里，经历了两次世界大战、法西斯主义、经济危机、革命、冷战，世界灾难纷至沓来。20

世纪的人们，面临着生存的困境：人性的异化、自我的丧失、生活的无意义状态。亲眼目睹并经历了 20 世纪大的社会实验室的一切悲剧后，弗洛姆直面现今资本主义对人的压抑以及人的生存困境，提出了宛如救世般的"爱"理论。弗洛姆爱的理论建立在弗洛伊德的精神分析学和马克思主义的基础上。为此，很多人称弗洛姆的理论为"弗洛伊德的马克思主义"。弗洛伊德和马克思的理论都围绕着人，但二人的研究角度和体系不同，弗洛伊德从精神分析学的角度分析人的问题，形成精神分析学说；马克思从社会政治经济的角度阐释和剖析人，形成马克思主义学说。

其实，应该艺术地存在的又何止是爱？弗洛姆又冷静地批判了人类的消费主义社会。工业社会使得人越来越成为一个贪婪的、被动的消费者。物品不是为人服务，相反，人却成了物品的奴仆。我们活在一个服从计算机命令，机械化冰冷的社会中，这个社会致力于最大规模的生产和消费，人不自觉地沦为冰冷机器的一部分，为机器的节奏和需求所控制。那些花花绿绿的广告刺激着本无消费欲求的你去盲目地消费，整个消费社会将奢侈品、烟、酒、明星、体育、电影等一股脑地塞给你。吃东西本是人类满足需要的一种本能，有的却异化成了填补空虚、驱散压力的暴饮暴食。英文后缀"-aholic"的意思是"对……成瘾"，一个购物不是为了满足需要而是通过购物驱散忧虑排解焦虑的人就是一个典型的空虚购物狂 shopaholic。对于购物狂而言，我今天难得心情好所以要去购物，要是我心情抑郁那就更要去购物发泄了。然而消费的天堂却并未给予人们他所许诺的快乐，于是乎，吃得再多买得再多，一个人却永远"饥饿"。无节制的消费创造出商品拜物教，人们成为商品宗教的信徒，攀比、嫉妒、野心、消极如影随形，人内心却自卑乏力。

当号称"永不沉没"的泰坦尼克号处女航就撞冰山沉没在大西洋底时，按照国人的传统一定有人会跳出来批评："永不沉没？谁让你把话说那么满？"这种看似有道理的浅薄处世哲学总让人满心生厌。泰坦尼克号的灾难使得人类文明史蒙羞。羞愧之余，我们需要反思：科学技术代表着人类的文明，可再先进的设计，再坚固的钢铁船身，面对自然界的冰山，依旧溃不成军。人类，不应该总想着征服自然，粗暴地让她在自己胯下呻吟。也许借助那些先进的技术，你可以轻松登上一座山，趟过一片海，但请你保持对自然的那份敬畏感。所谓的"工具理性"不过是技术赤裸裸地成为可能的选择，但这并不代表是唯一的选择。说到底，人类，应该艺术地生存，而不是技术地生存。

灾难、战争、爱情、背叛、文明、阴谋、政治……人类能走多远，这些主要剧情就会伴随着我们走多远，无论接下来的剧情是喜剧、悲剧还是闹剧。于是，弗洛姆说：人，艺术地去爱吧！

Francis Bacon.

贪污犯
培根

Francis Bacon
(1561–1626)

培根是哲学家里当官当得最大的。

一般说来，哲学家要么会因思想异端惨遭当局迫害，要么就闭门造车，不问世事，采菊东篱。像黑格尔、海德格尔等能成为国家重点大学校长享受副部级待遇实属不易；像休谟能做到外交部代理公使和次官已然是人品爆发。然而，培根却是哲学家中的异类，这厮做官直接做到了掌玺大臣，国家大法官。放在今天，就相当于最高人民法院院长了。

话说培根那天正在给法律部门的工作者们念稿子作报告："同志们啊，我们一定要严格要求自己，一次不公正的裁判，其恶果甚至超过十次犯罪。因为犯罪虽是无视法律，就好比污染了水流，但不公正的审判则毁坏法，那是污染了水源。司法的处所乃是一个神圣的地方，所以不仅是法官的坐席，就连那立足的台，听证围栏都应当全无丑事贪污的嫌疑才好……"念到此处，培根咽下一口唾沫，准备翻页。没想到，检察院的人却突然出现："培根同志，你涉嫌贪污受贿，现在将你暂时革职，立刻移送检察机关进行调查，你有权保持沉默。"

1621 年，英国著名哲学家、思想家、科学家培根因贪污受贿，被国家高级法院判处罚金 4 万英镑，监禁于伦敦塔内，此生不得为政府录用。从此以后，培根身败名裂。

此案看似一切正常，然背后却另有隐情，罗素在《西方哲学史》里曾写道："在那个年代，法律界的道德有些废弛堕落，几乎每个法官都接受贿赂，而且通常双方的都收……培根的获罪本是一场党派之争中的风波，并非因为他格外有罪。"

按照罗素的说法，培根所处的那个时代，人们早已习惯了"潜规则"，所谓大盖帽，两头翘，吃完原告吃被告，法官受贿早已是见怪不怪、心照不宣的事情。培根也不是什么圣人，反正不拿白不拿，他不过是顺潮流而行之罢了。培根的落马，说白了，就是政敌设下的圈套，一场有预谋的政治斗争。

罗素说得应该是对的。因为培根入狱没几天，国王就特别关照了一下，很快培根就被释放出来，4万英镑的罚金也被免掉。只不过，培根的政治生涯就此结束了。

对于中国的学生而言，培根一点都不陌生。我们小时候上学时，教室墙壁上一般都会挂着培根的画像，画像上还附着培根的名言："知识就是力量。"培根这句早已为我们耳熟能详的名言曾经在历史上振聋发聩，它预示着一个新时代的到来。培根说出这句话之前，哥白尼在《天体运行论》中提出的"日心说"被视为"异端邪说"，伽利略因支持"日心说"而惨遭宗教裁判所的迫害，布鲁诺在罗马鲜花广场被无情烧死……那是一个文化专制、黑暗阴森的年代，宗教神学和经院哲学死死钳制着人们的头脑，禁锢着思想。在以经院哲学为代表的欧洲中世纪传统思想和以文艺复兴运动中各种新思潮为代表的近代精神的交汇处，培根扬帆起航。经院哲学以神学为内容，以维护神学为司职，用一大堆烦琐的推理来论证宗教教条。培根受够了经院哲学的昏聩无能，无所作为，他高举"知识就是力量"的思想武器，荡涤经验哲学的阴暗腐朽，开始在思想领域拨乱反正。

中世纪时，哲学是神学的婢女，人是神的奴隶。培根对此言论痛加鞭答，针锋相对地提出了"人是自然的仆役和解释者"。人们要获得真理和知识就不能再诉诸神的恩赐，而应该认识自然，解释自然，寻找一条新的认识之路。这条通往真理的认识之路就是经验之路。所谓"经验"也就是通过感官感受到的外界事物，人们获得经验，再进一步加工经验从中获得知识。培根十分重视科学经验与科学知识，他的"知识就是力量"为新兴的自然科学开道，人类重新面对自然并征服自然，近代科学技术与文化也开始摆脱神的束缚，蓬勃发展。

为了彻底粉碎经院哲学，在全社会展开"关于真理标准问题的大讨论"，培根号召人们要"爱实验、爱知识、爱科学"，他以知识论为哲学研究的中心，改造人们的知识，提出了"四假相说"，决心破除这"四旧"，实现哲学与科学的伟大复兴。所谓"四假相"就是人们认识道路上的四种误区

Francis Bacon.

培　根
Francis Bacon（1561–1626）

和障碍。

种族假相：源于人类天性的假相

一种根植于人的种族和天性之中的假相，人们总以人的感觉和理性为尺度，而不按宇宙自然的本来尺度去认识事物，将人的本性强加于客观，最终歪曲了事物的真相。种族假相是一种集体假相，全人类共有，它源于人类的虚伪、自私、狭隘、无能等。"人的理智就好像一面不平的镜子，由于不规则地接受光线，因而把事物的性质和自己的性质搅混在一起，使事物的性质受到了歪曲，改变了颜色。"

洞穴假相：个体生命的假相

一种个体假相，每个人在经历、教育、背景、性格、价值追求和思维方式等方面存在着差异，人们在认识事物时，往往把自己的个性渗透到事物中，歪曲了事物的真相。正所谓一千个读者心中有一千个哈姆雷特，"每个人都有自己的洞穴和窠臼，使自然之光折射而变色。"

市场假相：人们交往时因语言概念混乱产生的假相

人们交往时由于语言的不确定和概念的不严格而产生的思维偏见与混乱。就好比众商贩在市场上兜售商品，有的商品是假冒伪劣，以次充好。语词的多义、不准确以及理解的混乱十分容易形成市场假相，经院哲学吃饱了没事干玩弄概念就属于典型代表。

剧场假相：对权威的盲从

人们盲目迷信权威或当时流行的各种思想、科学、体系从而形成的错误认识。人们顺从迷信的体系和思想就如同舞台上的一出戏剧，戏剧情节尽管精彩迷人，但剧本是编造出来的，人们崇拜和信仰的是一种假相。经院哲学对亚里士多德的崇拜，就是剧场假相。一种占统治地位的思想、一种意识形态都可能造成剧场假相。

这四种假相中，世界成为人类思想的奴隶，人类思想又成为文字的奴隶，思想和文字又成为占统治地位思想体系的奴隶。这四种假相的存在给人类的认识之路布满了荆棘。人类要想正确认识事物，必须打破假相，摆脱束缚。四假相说的确一针见血直指人心。然而，对于人类而言，只要人之为人，我们就永远也无法摆脱自身的缺陷，正是这些缺陷组成了人本身。培根的四假相说与其说要摒绝谬误，不如说它第一次使人类认识到自己的局限性。

培根的哲学不以上帝为对象，而是把自然视为对象。哲学的任务是为了研究自然，进而控制自然。培根被誉为"近代实验科学的真正始祖"。他主张哲学和自然科学联姻，并为发展自然科学而奔走相告着。关于科学工作，培根在《新工具》中曾有个妙趣横生的比喻，他用三种昆虫的行为阐释了不同的研究方法："历来处理科学的人，不是实验家，就是教条者。实验家像蚂蚁，只会采集和使用；推论家像蜘蛛，只凭自己的材料来织成丝网；而蜜蜂却是采取中道的，它在庭院里和田野里从花朵中采集材料，而用自己的能力加以变化和消化。科学的真正任务既非完全或主要地依靠心的能力，也非只把从自然历史和机械实验收来的材料原封不动、囫囵吞枣地累置在记忆中，而是把它们变化过和消化过而放置在理解力中。"从事着知识搬运工的蚂蚁，关进书斋搜肠刮肚的蜘蛛，都不是真正的科学家。真正的科学家是蜜蜂，它懂得吸收，消化和创造。

培根对宗教神学和经院哲学深恶痛绝，中世纪的宗教神学和经院哲学建立在包装亚里士多德的基础上，于是，培根开始在方法论上批判亚里士多德。亚里士多德不是有大名鼎鼎的三段论吗，培根说三段论这种演绎方法，粗糙草率不精微。亚里士多德不是有归纳法吗，一只乌鸦是黑的，两只乌鸦是黑的，三只、四只、五六七八只乌鸦都是黑的，好吧，亚里士多德就可以归纳出天下乌鸦一般黑了。培根说这种以简单枚举为基础的归纳法太幼稚了。培根提出了新的培式归纳法——列表归纳法。新的归纳法第一步要搜集材料，第二步要对材料展开比较和分析，为此，培根独创了"三表法"，比方说，研究某一现象时，正面案例放入"具有表"，反面案例放入"差异表"，程度不同的放入"比较表"。第三步，也就是最重要的一步，通过排除杂质，正面解释，分析总结，最后归纳出事物的本质。培根是近代经验主义哲学的创始人。一提到"经验主义"，人们立刻会想到毛泽东在《反对本本主义》《实践论》中提到的在观察和处理问题时，从狭隘的个人经验出发，而没有采取联系、发展、全面的观点。现实生活中，某人要是按已有经验办事出了差错，就会有人跳出来一本正经地批评你："同志，你犯了经验主义的错误！"不过，此"经验主义"可不是培根的"经验主义"，培根的经验主义是一种哲学认识论。从研究"世界本原是什么"的本体论到研究"认识是什么，如何认识"的认识论，西方哲学完成了一次转身，近代哲学鸣锣开道。

近代哲学史上，经验主义和理性主义可没少吵架。经验主义（Empiricism）认为人类认识来源于经验，经验材料刺激人的感官，在人的头脑里形成认识，获得知识的方法是科学的归纳法，和经验主义相对立的是理性主义。理性主义（Rationalism）认为知识是"天赋"的，一些基本的原则人生下来就存在于头脑中了，认识事物靠的是演绎法，从简单的观念原则推演出整个人类的知识体系。这场论战因参与人数多，战线拉得长，在哲学史上可谓一道奇观。不过，吵了半天，谁也没赢，谁也没输，宅男康德最后出面调停和了个稀泥，这场声势浩大的论战才终于销声匿迹。

为实验而生，为实验而死。1626 年冬天，培根坐车出行，一路上他思考着冷冻防腐问题。路过雪地时，他决定就地取材做个实验，于是他买了一只鸡宰杀后将雪填进了鸡肚。实验过程中，一大把年纪的培根不幸染上风寒，不久之后就去世了。

意大利作家卡尔维诺在他著名的小说《分成两半的子爵》中讲了这么个故事：被劈成两半的梅达尔多子爵在善与恶、美与丑、是与非的宿命轮回中挣扎煎熬。最终，分成两半的子爵在一场决斗后复归完整。培根像极了梅达尔多子爵。他的一生是有着双面人格、充满矛盾的一生。当他抬头仰望苍穹时，他是一位雄心勃勃的哲学家，哲学是他的慰藉。作为经验主义的代表人物，培根倡导实验，他以经验和观察为依据，把经验从向来受鄙视、受贬损的卑贱地位上升到一种考察方法和科学原则，在人们心中，他就是知识和科学的化身。然而，当他低头面对尘世生活，他又是一个不折不扣的小人，他见利忘义、卖友求荣、趋炎附势、沉溺奢华、贪污腐化，灼灼其华的思想背后隐藏着阴暗与卑鄙。

思想上的巨人，行动上的小人。培根，这位卑鄙的伟人，向我们解释了歌德的一句话"一个人的缺点来自于他的时代，他的优点和伟大却属于他自己"；还证明了《尚书》里的一句至理名言"知之易，行之难"。

Socrates

古希腊三贤之
苏格拉底：我家有只河东狮

Socrates

（前 469– 前 399）

开辟鸿蒙，试问初衷？思想砥砺你侬我
侬。于是有本体论、认识论、伦理学、哲学研
究。因此，上演出这鞭笞灵魂的"哲学梦"。

——引子

一提到哲学，很多人立刻想到脍炙人口的古希腊三贤苏格拉底、柏拉图、亚里士多德祖师徒三人。然而，三贤并非"哲学之父"。三贤之前就有一批令人敬佩的先哲们辛苦地开始了自己的哲学之旅：生死病老，日月盈亏，云卷云舒，万物更迭，生生不息中是否有永恒不变的规律？世界的本原究竟是什么呢？

这些先哲之中，有"西方哲学第一人"的哲学家泰勒斯，泰勒斯喜欢抬头观天，低头思考，一不小心跌入水坑，浑身泥泞，惨遭鄙视后，他醍醐灌顶：世界的本原是水呀；黑社会组织毕达哥拉斯学派的头目毕达哥拉斯热爱音乐、热爱数学，在他看来，世界的本质是"数"；爱利亚学派掌门人巴门尼德则认为世界的本质是不可分割的"一"；赫拉克利特说"人不能两次踏进同一条河流"，提出"万物皆流"，宇宙过去、现在、未来的本体其实是运动的跳跃的火，世界对立统一的规律就是"逻各斯"（Logos）；德谟克利特提出了"原子论"，宇宙万物的根本元素是原子……这些研究世界本原的学说就是"本体论"（Ontology）。

研究世界本原的"本体论"先哲们都坚持认为自己是对的，别人是错的，公说公有理婆说婆有理，究竟孰对孰错，看来问题已经不能在"本体论"之内解决。于是，人们开始将目光从自然和世界本原问题的思考上转向了思考者本身——人们能够把握真理吗？如何确立真理的条件呢？

于是，哲学完成了"本体论"的转向：从自然哲学到人。

在听腻了世界本原是什么的陈词滥调后，"智者学派"闪亮上场了，他们不再关心世界的本原是什么，转而关注人，关注社会，关注知识对人的价值。智者之中最有名的是提出"人是万物尺度"的普罗泰戈拉。普罗泰戈拉曾对学生约定说，如果学生赢了第一次诉讼才需要交学费，若是输了则不必交学费，学生大喜，不料第二天普罗泰戈拉就一纸诉讼将学生告上法庭，罪名：抵赖学费。学生理直气壮搬出约定为自己辩护，法官判学生胜诉。学生轻松赢下第一次诉讼。

然后呢？

然后就交了学费呗。

智者学派总体而言倾向于感觉主义、相对主义和怀疑主义，他们否定客观真理，否定普遍的伦理道德观念，久而久之，巧舌如簧的他们沦落为玩弄概念牵强附会的诡辩论者，遭人厌恶。

厌恶并批判智者学派的人中，有一个粗短矮胖、秃顶大脸、鼻孔朝天的怪蜀黍，他的名字叫苏格拉底。

苏格拉底成功地奠定了自古以来哲学家在普通人心中的"光辉"形象：装腔作势、眼高手低、无所事事、卖弄智慧、夸夸其谈、没事找抽……苏格拉底以及他的泼妇老婆，至今为止都是供人们茶余饭后津津乐道的八卦哲学家话题："哎哟喂，小伙子，听说你想当哲学家？那么你这一生要么娶不到老婆，要么会娶一个泼妇老婆噢。"苏格拉底的老婆的确是有名的河东狮，她经常当众呵斥苏格拉底，于大庭广众之下扒苏格拉底衣服，而苏格拉底和天下其他优秀男人一样都拥有着一个极为宝贵的品质——怕老婆。据说，有一次苏太太在狮吼苏格拉底很久后，依然不解气，遂泼正欲下楼的苏格拉底一盆冷水。被浇成落汤鸡的苏格拉底只好自我解嘲："打雷要下雨，雷欧；下雨要打伞，雷欧，天冷穿棉袄，雷欧雷欧……"

正所谓：

> 满纸虐夫事，一把辛酸泪。
>
> 都云苏妻泼，谁解其中味？

身为资深哲学家苏格拉底的老婆，苏夫人有苦说不出。哲学家的身份听起来好听，但一不小心就会沦为无业游民。其他哲学家或许可以坐享万贯遗产不必考虑现实的生活，苏格拉底却出身贫寒且有一窝孩子嗷嗷待哺，苏格拉底看不起谋生这种微不足道的世俗小事，而是选择成为一位游手好闲的高尚哲学家。于是，养家糊口的重担自然而然地就落在了妻子肩头。苏格拉底的老婆靠着洗衣服的微薄薪水养活一家五口，穷酸窘迫胼手胝足的生活磨砺出她粗暴的性格。

那时，苏妻正辛苦地洗着衣，苏格拉底正辛苦地满大街追

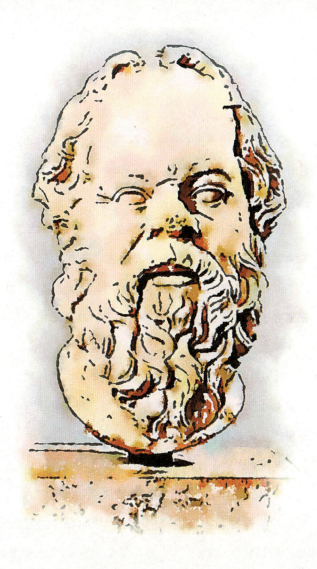

Socrates

苏格拉底
Socrates（前 469– 前 399）

求着"善"：

苏格拉底问学生：偷盗欺骗卖人为奴是善行还是

恶行？

学生回答：恶行。

苏：那欺骗敌人，卖俘虏的敌人为奴就是恶行了？

学生：这是善行，我说的是朋友，并非敌人。

苏：如你所说，偷窃朋友是恶行，可是你朋友假

设要自杀，你偷窃他准备自杀的工具，这是恶行吗？

学生：是善行。

苏：对朋友欺骗是恶行。在战争中，军事统帅为

了鼓舞士气会对士兵说援军即刻就到，但实际上并无

援军。这是恶行吗？

学生：这是善行。

关于"善"是什么，学生被苏格拉底成功地搅糊涂了。

苏格拉底这种利用言说产生辩论、导向真理的方法被后

世称为"辩证法"。"辩证法"的希腊文原意是"通过谈话交

流看法"。不过，辩证法并非苏格拉底的原创，辩证法最早的

创始人是苏格拉底的对头——芝诺。芝诺后来被辩证法大师黑

格尔在《哲学史讲演录》中点名夸奖："芝诺是辩证法的创始

人……他主要是客观地辩证地考察了运动。"

在此，我们有必要先了解下芝诺的贡献：关于乌龟赛跑的

大名鼎鼎的芝诺悖论。从前，有只跑得很快的乌龟和飞毛腿阿克琉斯比赛赛跑，乌龟领先 100 米时，阿克琉斯开始起跑，请问，谁能赢了这次比赛？芝诺的答案：乌龟，且阿克琉斯永远追不上乌龟。阿克琉斯追上 100 米时，乌龟已经向前挪到了 A 点；当阿克琉斯追上这段距离到达 A 点时，乌龟又前行一小段距离到了 B 点；当阿克琉斯到了 B 点，乌龟则到了 C 点，以此类推，无论时间长短，乌龟总是可以前进一些距离，因此，阿克琉斯永远赶不上乌龟。

但现实中，阿克琉斯很快就会捉住乌龟。芝诺悖论的本质是探讨运动是否连续，时空是否无限可分。苏格拉底的反诘式方法正是来源于芝诺方法的启发。就这样，苏格拉底整天在城邦里唾液横飞地和人们讨论着什么是正义？什么是美德？什么是幸福……苏格拉底的反诘充满了智慧的戏谑，他会牵着你的鼻子，让一个原本以为自己什么都懂了的人，绕了一大圈之后，否定了自己，也得不到任何结论，而此时，苏格拉底也不会下任何结论。

苏格拉底认为自己的这种方法就是"思想助产术"，自己是"思想接生婆"，通过自己的启发和诱导，帮助人们重新把握正确的知识。接生婆照料婴儿，思想接生婆照料灵魂。芝诺曾有个比喻，人的知识是一个圆圈，无知是圆圈外的空白，一个人的知识越多，他的圆圈就越大，他所接触的外部空白也就越大。苏格拉底同意芝诺的说法，在他看来，一个越有知的人才能自知无知。苏格拉底经常说："我只知道一件事情，那就是我一无所知。"

苏格拉底的名言是"认识你自己"。"认识你自己"本是德尔斐智慧神庙上的箴言，苏格拉底将它作为哲学问题重新提出。在苏格拉底看来，只有了解了人自己，认识人自己的德性，审视人自己的心灵，才能真正把握宇宙和自然界。苏格拉底批判地继承了智者学派，将哲学从研究自然的角度，转向研究人本身。从苏格拉底开始，人的知识以及伦理问题开始普遍成为哲学家的研究领域，在此意义上，苏格拉底是第一个把哲学从天上拉回人间的人。

苏格拉底的出场，使得一切研究世界本原的本体论哲学家刹那间暗淡无光，一个哲学意义上真正的"自我"粉墨登场，熠熠生辉。

苏格拉底狂热地追求着知识，那么知识的本质是什么？苏格拉底提出了命题"德性即知识"，知识的本性是美德、智慧、勇敢、正义、节制等构成了美德的主要内容。一个人只要拥有了美德，拥有了智慧、勇敢、节制、正义，他就拥有了知识，他就会做善事，故而获得幸福，而一切错误的行为都来自于无知，来源于对善的知识掌握得不够。苏格拉底的"知识"不是我们今天所理解的技艺知识、谋生技巧，道德知识也不是

每个人背得滚瓜烂熟的"八荣八耻"，苏格拉底的"知识"，是一种必然的理性的真理，是关乎整个世界的理性的知识。我们从

法国画家雅克·达维特在 1787 年创作了油画作品《苏格拉底之死》。

小被教育为要做社会主义社会的"四有新人"：有理想、有道德、有文化（有知识）、有纪律，这个教育思想和苏格拉底的道德教育有着异曲同工之妙，道德和知识教育紧密相连。离开了道德谈知识，越有知识越"反动"。

苏格拉底通逻辑，善修辞，好辩论，一生述而不作，没能留下任何思想作品。他曾自我比喻为"牛虻"，一只上帝赏赐给雅典的牛虻，雅典是匹昏昏欲睡的马，牛虻的作用就是时刻叮咬马，使它保持清醒焕发精神。或许是这只牛虻成天街头挑衅他人，证明了人们无知却严重惹恼了人们；或许是这只牛虻不自量力抨击民主，讽刺权贵，当局最终恼羞成怒；有那么一天，这只牛虻到底还是被马尾巴给无情地拍死了。

公元前 399 年，人类的民主第一次遭遇到最难堪的尴尬，苏格拉底因"蛊惑青年罪"和"亵渎神明罪"遭到指控，501

人组成的陪审团最终以 281 票对 220 票的投票结果宣告了苏格拉底有罪并处以死刑。民主，就这样以"多数人的暴政"方式戕害了老哲苏格拉底。如果，苏格拉底当时在法庭上跪地求饶，痛哭流涕，表个姿态，那些原本不过是讨厌他语言犀利狂妄自大的陪审员只要看到他摇尾乞怜，肯定会选择从轻发落，饶他一死，但我们这位倔强的糟老头依旧在法庭上口若悬河地火上浇油爱咋咋地。又如果，苏格拉底听从了学生的建议，越狱逃跑，几年后他依旧可以卷土重来继续犀利，然而苏格拉底却毅然决然地拒绝了逃亡——终其一生，他都在追求善与美德，难道为了苟且偷生，就可以在最后关头选择破坏法律，藐视正义，晚节不保？

最后，苏格拉底云淡风轻地吞下了毒芹汁，再见了，我亲爱的学生和朋友，别忘了替我还欠下的一只鸡。一壶毒酒喜相逢，哲学多少事，都付笑谈中。苏格拉底的死，已经上升为一次哲学事件。苏格拉底是第一位哲学的殉道者，苏格拉底之后，人类为了信仰的自由，思想的尊严，赴汤蹈火，颠沛流离。布鲁诺被绑在火刑柱上，伏尔泰、卢梭、马克思等惨遭驱逐，流亡他国……

苏格拉底死后，他的学生群龙无首，各占山头，各执一端，自立门派。其中，有将苏格拉底的"善"规定为"存在"，提出"谷堆辩""秃头辩"等著名辩论的麦加拉学派；有将苏格拉底的"善"理解为快乐的库兰尼学派，这种快乐论后被"幸福就是肉身无痛苦灵魂无纷扰"的伊壁鸠鲁发展成快乐主义；有把苏格拉底的"善"理解为禁欲节制的犬儒学派，禁欲主义又为后期的斯多葛学派所发展。

然而，这一切都不是最重要的。

最重要的是，苏格拉底死后，他的一位才华横溢的学生愤而出走，创建"学园"，著书立作，开辟体系，成为西方哲学史上第一位泰山北斗级的大思想家。有人说，整个西方哲学，不过是这个学生思想的注脚。

这个学生名叫柏拉图。

Plato

古希腊三贤之
柏拉图：逃出囚徒洞

Plato

（前 427– 前 347）

精英是这样炼成的——

受精卵以及胚胎时期：胎教

婴儿时期：早教

儿童时期：双语幼儿园

小学时期：各种辅导班

中学时期：黄冈密卷

大学时期：GRE、托福、雅思

硕士及博士时期：憋 paper

这么多年苦读下来，有人好不容易成了金融才俊，结果因压力太大一不小心过劳猝死了；有人好不容易在政界崭露头角，结果因饭局太多体检出酒精肝、脂肪肝。

当然，以上情形仅限于中国大陆地区。

如果你有幸能成为柏拉图"理想国"中的公民，那么你彪悍的精英人生将会这样：

前提：城邦中强健的男女在开具健康证明后方可繁衍后代，无健康证明者所生的婴儿，以及天生残废的婴儿将被抛至野外，自然淘汰。健康的婴儿则由国家机构统一培养。

0~3 岁：托儿所教育，女仆专职伺候；

3~6 岁：游乐场教育，必修课：听故事、学音乐、做游戏（故事、音乐、游戏要经过严格筛选，内容需健康且充满高尚品德），女仆继续负责；

6~16 岁：男女分校，普通教育阶段，根据兴趣特长可选择音乐、文法、计算、唱歌、体操、骑马、射箭等。如果你是农民手工业者的孩子，毕业后，你将进入社会成为一名普通劳动者；如果你是奴隶主的孩子，那么恭喜你，你将有资格继续下一阶段的学习；

17~20 岁：军事训练，必修课："后四艺"（算术、几何、天文、音乐）；毕业后大部分学生成为军人，少数优秀者进入下一阶段；

20~30 岁：哲学研究兼"后四艺"教育；毕业后成为国家高级公务员，少数优秀者进入下一阶段；

30~50 岁：哲学教育，辩证法学习；

50 岁后：哲学王，国家最高统治者。

以上就是柏拉图为"理想国"中勾勒出的城邦完美教育体系。

柏拉图是苏格拉底的学生，他名字的希腊语原意是"宽肩膀"。当柏拉图曾经的一腔政治热情和抱负因雅典贪污腐败的民主政治现实而幻灭，当柏拉图的恩师苏格拉底又被雅典的民主不公正地处死，柏拉图对民主深恶痛绝，民主不过是"暴民"与"乌合之众"。国家必须由最聪明、最优秀的人来统治，而这些人正是站在柏拉图完美教育体系金字塔尖的哲学家。人类要想免除灾祸，追求善与正义的哲学家必须掌握政权，成为哲学王！

目睹了老师苏格拉底惨死后，柏拉图肝肠寸断，愤而出走，踏上征途。柏拉图在西方思想史上的地位相当于孔子于中国思想史，他二人在经历上也有着相似之处：孔子曾周游列国，柏拉图则浪迹天涯；孔子杏坛讲学，柏拉图则创建"学园"，到现在为止，西方的学术研究机构都叫"academy"。孔子留下了对话体的《论语》，柏拉图一生中的绝大部分著作都是对话体……

每一个哲学家都努力地解释世界，为哲学提供自己的真知灼见，形成体系，并排斥其他哲学家。诸位哲学家各显神通，世界在他们头脑中各不相同。比方说，我们曾讲到过的康德的"自在世界"、黑格尔的"理性世界"、叔本华的"意志世界"、弗洛伊德的"潜意识世界"、萨特的"荒谬世界"……在柏拉图这里，则是"理念世界"。每个刚从电影院走出来的人都会有这样的感受，刚刚还沉浸在电影院幽暗的环境里，感受着幕布上呈现出的人物和故事，而走出电影院的一刹那，现实世界里的光线和嘈杂如此冰冷陌生以致人们难以适应，仿佛幕布上的那个世界才更加真实。

究竟哪个世界是真实的？柏拉图用了著名的"洞穴比喻"来解释理念世界和现实世界：

> 有一个漆黑幽暗的洞穴，里面住着一群囚徒，囚徒们从未出过洞穴，他们背对着洞口，双手被束缚着，锁在洞穴里。囚徒的身后升起了一堆火，于是洞外的花花草草，人来人往通过火光在洞壁上投射出影子来，洞外的声音通过洞壁引发回音，囚徒们以为影子和回音就是真实的世界，从未出过洞的他们对此深信不疑。直到有一天，其中一个囚徒挣脱了锁链，溜出了洞外，出洞后他生平第一次看见了太阳，感受到洞外的大千世界，鸟语花香。这个囚徒茅塞顿开，激

Plato

柏拉图
Plato（前 427– 前 347）

动万分地跑回洞里，迫不及待地向其他囚徒解释着自己看到的一切。没想到的是，其他囚徒听了后，竟然哄堂大笑，嘲笑他痴人说梦，并认为他出去一圈竟然得了失心疯。

在柏拉图眼里，我们人类就是这群被囚禁的可怜犯人，我们感受到的一切是我们的感觉器官所呈现给我们的，是真实世界的影子。我们却痴迷于影子，拒绝真相。

那真实的世界是什么呢？

柏拉图说，真实的世界是"理念"（idea），理念是具体事物的本质，是一种永恒和绝对。柏拉图将世界一分为二：可感世界与可知世界。可感世界是人们通过感觉经验获得的世界，是人们客观存在的世界。然而，人们感官所感知的表面现象，个别事物背后都有着普遍的永恒的趋势和秩序，这些规律、趋势、秩序却无法通过感官而得知。这个必须通过思维推知而不是感官感知的世界，就是可知世界，是一个理念的世界。"理念"不等于"概念"，"概念"是具体事物抽象出来的"一般"，概念是人们头脑的抽象，并不是独立存在的实体，理念却是客观存在的实体。比方说苹果、梨子、香蕉都叫"水果"，"水果"只是一个"概念"，它并不单独存在，因为世界上没有一种叫"水果"的物体。但是，众多大小不一，酸甜不同的苹果，都分享着一个共同的理念"苹果"，这个理念作为本质，是客观存在着的，有着实体的。

具体事物都有自己的理念。理念是型相，而每个具体事物是理念的摹本。就如同世界上每个三角形都是理念三角形的摹本。理念就如同一幅深藏于博物馆不见人的名画，市面上充斥的都是名画复制品，久而久之，人人皆知复制品，却忘记还有原作真品了。现实可知世界里，事物层次不同，理念世界中，理念的等级也不同。最低等级的是关于桌子、椅子等具体事物的理念；稍微高一级别的是关于数学、几何方面的理念，例如方、圆、三角等；再高一级的是道德、艺术方面的理念；最高级的理念就是"善"，善是创造世界一切的力量，它具有至高无上的权利。如同可知世界里有太阳，至高无上，赋予万物以光明，同理，理念世界中的善是永恒之真理，是其他理念存在的前提。

柏拉图通过"摹仿说"与"分由说"来说明理念如何派生出万物。万事万物得以存在，是因为"摹仿"了理念。木匠根据理念之床制造出床来，床是理念床的摹仿品。同理，现实的国家也是理念国家的摹仿品。此外，万事无物存在还因为"分有"了理念。美人、美景、美食都是分有了美的理念。分有不等于占有，事物是相对的，而理念是绝对的，没有事物能绝对地达到理念的高度。

既然理念不能为人的感官所感知，那人类如何获得理念呢？柏拉图提出"灵魂回忆说"：

宙斯率诸神和灵魂乘车赴宴，马车司机酒后驾驶，车技不精，导致车仰马翻，灵魂不幸在事故中折断了翅膀，无法回到理念世界，只好沦落到尘世与肉体相依为命。近墨者黑，受肉体浑浊粗鄙的污染，灵魂渐渐忘却了理念。要想学习掌握理念，就必须回忆我们原本拥有的一切。在柏拉图那里，知识，理念不是人类创造出来的，而是先天存在着的，知识不是发明，而是发现，学习的过程就是不断回忆、不断唤醒的过程。柏拉图在继承毕达哥拉斯灵魂三分说的基础上，将灵魂划分为理性、激情、欲望三个等级，理性是灵魂的最高原则，与理念相通。

柏拉图的"理念论"杂糅着巴门尼德、毕达哥拉斯和苏格拉底学说的影子，尽管"理念论"在今天的哲学家看来漏洞太多，并不完美，但放在柏拉图那个时代，西方哲学不过是一位总角孩童，人们的意识能从具体的感性形式上升到抽象的思维概念形式，可谓认识的巨大进步。柏拉图的"理念论"后来变形为中世纪的实在论，又变身为黑格尔的绝对理念……为此，黑格尔曾说："哲学作为科学是从柏拉图开始的"。

其实，柏拉图"洞穴比喻"中那个跑出山洞，洞悉一切后返回洞穴告诉众人真相的人就是哲学家，哲学家发现了真理证明了其他囚徒的无知，却遭到山洞里其他人的嘲弄。苏格拉底追求着善，却遭到城邦里人们的审判。但我们不应该责备人们。

哲学呀，你是难以入口的苦酒，只有哲学家才能在痛苦中品尝出一丝甜蜜来。对于普通的人们，如果真理会折磨我的大脑，洞外的阳光会灼烧我的双眼，而我又可以在影子世界里无忧无虑地看肥皂剧，吃美食，玩游戏，活在影子世界又何妨？

与恩师苏格拉底述而不作不同，柏拉图著作等身。其中，最为世人熟悉的莫过于《理想国》了。"理想国"在人们心中就是繁荣太平、夜不闭户、路不拾遗、阡陌交通、鸡犬相闻、黄发垂髫、怡然自乐的完美社会。可惜的是，再完美也不过是一个空想乌托邦。

柏拉图将灵魂分为三个等级，与此相对应的理想国中的人们也分为三个等级：

第一等级：统治者

他们代表着灵魂中的理性，统治者是神用金子做成的，拥有的美德是智慧；

第二等级：武士

他们代表着灵魂中的激情，是神用银子做成的，拥有的美德是勇敢；

第三等级：生产者

包括农民、手工业者等，他们是神用铜做成的，拥有的美德是节制。

三个等级各司其职，各自实现自己的美德，国家便有了统一的美德：正义。

正义就是柏拉图理想国的伦理基础和治国原则。柏拉图曾说"正义就是注意自己的事而不要干涉别人的事……当商人、辅助者、监护者这三个阶级在国家里面各做各的事情而不相互干扰的时候，便是有了正义。"柏拉图为正义的理想国提出了制度设计：第一不允许拥有私有财产，财产公有制；第二男女平等，共产共妻；第三依靠至善至美的教育来培养人才，治理国家。柏拉图的理想国可以说是人类历史上最早的乌托邦。

关于理想国中的人们采取什么样的政体才最令人满意，柏拉图在《理想国》一书中展开了讨论：斯巴达政体？NO！斯巴达政体是军人掌握政权，这必将带来好勇狠斗，争名夺利，流血牺牲。寡头政体？NO！私有制产生，富人掌权，财富崇拜，贫富悬殊，世风日下，穷人处于水深火热之中。民主政体？NO！穷人不堪压迫，起义推翻富人，口号人人平等，却无法消除贫富差距，国家落入无知民众手中，最终导致无政府状态。（电影《蝙蝠侠3：黑暗崛起》里曾出现过这样的场景。）

僭主政体？NO！穷人在民主制下日子依旧不好过，他们继续革命，一些自称是穷人保护者的人民领袖趁机而出，他们利用民众的力量打倒富人，攫取政权，他们上位后却抛弃曾许给人民的诺言，开始鱼肉人民，当人民意识到他们的真面目后，却没有力量将他们赶走了。

斯巴达、寡头、民主、僭主这四种政体的不完美的确使人心灰意冷、忧心忡忡。柏拉图没有在《理想国》里提出解决方案，但是在《法律篇》，他思考出了完美的政体形式应该是混合政体：君主制和民主制的混合。混合制通过力量的制约实现权力的均衡，既有君主制的德性又有民主制的自由。

今天，"柏拉图"三个字对于普通人而言，不仅仅指一位哲学家，还代指着"柏拉图之爱"，一种象征着恋爱双方之间超越肉体的精神恋爱。柏拉图在《会饮篇》里曾详细描述了自己的爱情观：爱是双方对美德的共同追求。不过，爱情的双方仅限于男人和男人。

柏拉图是哲学家圈子里有名的同性恋，一生未婚，但这一消息并不能使人瞠目结舌。中国古代关于男同性恋的成语有：余桃之癖、龙阳之好、断袖之好等，这三则成语背后的主人公分别是：卫灵公 VS 弥子瑕、魏王 VS 龙阳君、汉哀帝 VS 董贤。我们细心地发现，成语故事的男猪脚全是君王贵族。同样的事情也发生在古希腊，政治家君王贵族喜欢俊美男子正是当时的高雅时尚。柏拉图之爱不仅符合当时的潮流，还与柏拉图的理念论密切相关：爱是对感官追求的节制，是对美的理念的热情追求。苏格拉底就曾和当时雅典公认的帅哥卡米德斯柏拉图之爱过。

2012 年，玛雅人曾预言世界末日。如果末日逃亡只准携带一本哲学书，那《理想国》绝对是不二之选。《理想国》可谓是一本哲学的百科全书，它几乎囊括了哲学的一切：伦理学、政治哲学、形而上学、教育学、美学、神学、心理学。在《理想国》里你会发现中世纪的实在论、奥古斯丁的光照说、黑格尔的绝对精神、尼采的道德谱系、卢梭的自然教育、弗洛伊德的精神分析……有了一本《理想国》，人类逃生后的哲学思想将在这本书的基础上生根发芽，重新建构。

柏拉图的"学园"开创了欧洲自由学术的传统，培养出一位能与柏拉图本人齐名的学生亚里士多德。亚里士多德，这位柏拉图曾经的小马驹，后来成为黑格尔《哲学史讲演录》里"一切哲学家的老师"。

Aristotle

古希腊三贤之逍遥派掌门：
亚里士多德

Aristotle
（前 384– 前 322）

年轻的科学家伽利略站在意大利著名的豆腐渣工程比萨斜塔上，他向下抛出了两个重量不一样的铁球，从此之后，亚里士多德被证明错了；

　　年轻的科学家牛顿坐在苹果树下，一不小心被落下的苹果砸中了脑袋，轻微脑震荡后，他提出了万有引力和牛顿三大定律，从此之后，亚里士多德又被证明错了。

　　……

　　小时候的我，和所有小朋友一样，意志笃定，理想远大：我要当科学家！手捧着儿童版科普读物，我昂首挺胸地走在成为下一个居里夫人的康庄大道上。就在那本儿童版科普读物里，我生平第一次邂逅了亚里士多德。

　　伽利略在比萨斜塔上抛下了两个重量不一的铁球，结果两个铁球同时落地。伽利略的实验直接推翻了亚里士多德"重物体下落快，轻物体下落慢"的错误理论。牛顿提出了万有引力和牛顿三大定律。其中第一定律告诉人们，一切物体在没有受到力的作用时，会保持静止或匀速直线运动状态。这一定律又反驳了亚里士多德"维持物体运动的原因是力"的观点。

　　看完了儿童版科普读物，动不动就被证明错了的亚里士多德在我眼里简直就是一个低水平的蹩脚物理学家。直到很久很久以后，我开始接触哲学，意外地发现亚里士多德何止是一位物理学家，他还是一位伟大的哲学家。亚里士多德十分百科全书，除了形而下的物理学和形而上的哲学，他在数学、生物、化学、天文、医学等诸多领域都颇有造诣。换句话说，除了没研究过电子计算机，亚里士多德什么都研究过了。

亚里士多德的老师是哲学家柏拉图。关于自己的老师，亚里士多德曾说过："吾爱吾师，吾更爱真理。"这句名言乍听起来，表现出了亚里士多德同学的尊师重道，热爱真理。可细细一想，这里面暗藏玄机：亚里士多德一定和他的老师柏拉图不对付，而事实也果真如此。

首先，柏拉图和亚里士多德风格迥异：

柏拉图浪漫，亚里士多德严谨；

柏拉图感性，亚里士多德逻辑；

柏拉图一生未婚，不食烟火，亚里士多德脚踏实地，娶妻生子；

柏拉图是理想主义诗人，亚里士多德是现实主义科学家；

世界于柏拉图是"理念世界"，世界于亚里士多德却是实在的"经验世界"。关于他二人的不同，我们可以在文艺复兴时期著名画家拉斐尔的名画《雅典学派》中略窥一斑。

柏拉图与亚里士多德一路走来，争辩不休。柏拉图左手拿着自己的《蒂迈欧篇》右手指天，柏拉图的真实世界在天上，世界是神秘的理念世界。亚里士多德左手拿着《伦理学》，右

画中最中间位置的两个人就是
柏拉图和亚里士多德。

手指地，世界的本原不在天上而是现实的经验世界。

或许是文人自古爱相轻，或许是亚里士多德的聪明才智引起了柏拉图的不安，又或许是师生之间思想不同已经初露端倪，总而言之，柏拉图初期对亚里士多德的由衷赞美很快变成了尖酸的挖苦。亚里士多德家中藏书丰富，柏拉图称其为"读书之家"，听似夸奖，实则嘲笑他书呆子一个。柏拉图还形容亚里士多德是小马驹，这可不是老者对年轻学生充满怜惜的形容，小马驹喝完奶就踢母马旭蹶子，柏拉图这是讽刺亚里士多德忘恩负义，过河拆桥。

当年龄的增长使人逐渐感到力不从心；当曾经的集万千闪光灯于一身，到现在镜头已经逐渐对准他人；当名噪一时的一线主角沦为二线配角……

于是，有了《射雕英雄传》里清新可爱、机灵古怪的少女黄蓉变成《神雕侠侣》里心机颇重的中年欧巴桑；

针砭时政善良正义的热血年轻人，中年成名后也会党同伐

Aristotle

亚里士多德
Aristotle（前 384– 前 322）

异，排斥异己；

曾经气宇轩昂、大气磅礴的柏拉图有一天也会小肚鸡肠，打击学生。

尽管柏拉图倚老卖老，挖苦学生。但对于老师，学生亚里士多德却从未说过任何冒犯之词。师生之间只是观点不同，并无私人恩怨，柏拉图死后，亚里士多德自立门户，在继承和批判柏拉图的基础上，开始了自己的哲学之路。树林阴翳，鸣声上下，优游自得，安闲自在，亚里士多德喜欢在林荫小路上边散步边讨论问题，为此，后世称之为"逍遥学派"。

逍遥派掌门亚里士多德的学说建立在批判柏拉图的基础上。柏拉图主张"理念说"，世界的本原是"理念"，每一个具体事物都有着自己的"理念"，每一匹马、一头牛、一只羊背后还有着"理念马""理念牛""理念羊"。也就是说，世界先有了"理念马"才有了白马、黑马、公马、母马、汗血宝马等各种具体的马，马牛羊会死掉，但是理念马牛羊则永恒不变。但亚里士多德对此提出了质疑，一匹白马的理念可以是马，也可以是动物，还可以是物体，如此说来，一匹白马就分有了多个理念，这就意味着一个事物可以分有多个理念，一个理念也可以同时被许多事物分有，某一事物即是原本又是摹本，"理念论"导致了思维混乱，自相矛盾。亚里士多德在《形而上学》中集中地批判了柏拉图"理念论"的不足。

在亚里士多德看来，世界的本原是"实体（substance）"，实体是独立存在的第一性范畴，其他任何范畴都依附于实体。一匹马、一头牛、一只羊就是实体。实体还分为第一实体和第二实体。第一实体是个别的具体事物，比方说，张三就是最根本的第一实体，而包含个别具体事物张三的属（如"人"）和种（如"动物"）就是第二实体，"第二实体"依赖于"第一实体"而存在，没有具体个别的人，也就没有"人"这个"属"和"动物"这个"种"。第一实体与第二实体的关系，就是个别和一般的关系，越个别的东西实体性越大，越普遍的东西实体性越小。

亚里士多德认为，任何一个事物要存在，都必须有四种原因：质料因、形式因、动力因和目的因。

质料因：就是事物由之生成并继续存留于其中的东西。例如：衣服的质料是棉花，房子的质料是砖。

形式因：形式因有两种：一是内在形式，表现出事物本质的形式。如：衣服之所以为衣服而不是纸张，房子之所以为房子而不是雕塑。内在形式类似于柏拉图的理念。二是外在形式，即形状。内在形式总要通过外在形状表现出来。

动力因：使被动者运动的事物，引起变化者变化的事物。儿子的动力因是父亲，衣服的动力因是裁缝，房子的动力因是建造者。

目的因：所为了的那东西，即最终目的。制作衣服是为了穿，盖房子是为了住，万事万物的最高目的就是"善"。

虽然是四因说，但后三者形式因、动力因和目的因可以合而为一。房子的形式是砖这一质料转化为现实的推动者，是动力因，房子的形式同时也是质料在转化中达到了目的，又是目的因。三因合一,四因变成质料形式二因说。每个事物的形成过程就是质料转化为形式的过程，在同一事物里，质料和形式不可转化，但在不同事物那里，质料和形式可以相互转化。泥是砖的质料，砖是泥的形式，但对于房子而言，砖又是房子的质料，房子是砖的形式。

但是，如果泥是砖的质料，砖是房子的质料，房子是街道的质料，街道是社区的质料，社区是城市的质料，城市是……难道我们要无穷尽地追溯下去？为此，亚里士多德提出了追溯的无穷的尽头是无质料的纯形式，最高级的事物就是纯形式。无质料的纯形式，是永恒运动的原因，即第一动者。万事万物都追求着善，善就是事物的最终目的和第一动者。中世纪神学家托马斯·阿奎那后来利用了亚里士多德的纯形式，证明了上帝的存在——上帝正是没有任何质料的纯形式。

马克思曾称赞亚里士多德是古希腊最博学的哲学家。亚里士多德博学多才，涉猎广泛，他将科学分为三类：

第一类：理论知识（theoretike）。包括了数学、自然哲学和后来被称为形而上学的第一哲学。

第二类：实践知识（praktike）。包括伦理学、政治学、经济学。

第三类：创制知识（poietike），包括诗学和修辞学。

今天我们所熟悉的词语"形而上学"就来源于亚里士多德的《形而上学》一书。

《形而上学》古希腊文是"ta meta ta physika"，意思是"物理学之后诸卷"。这本书并不是亚里士多德自己出版的，据传是吕克昂学园的继承人安德罗尼柯根据亚里士多德生前的手稿、论文以及学生们的听课笔记编撰而成的。此人当时为给亚里士多德的第一哲学手稿起名时，抓耳挠腮苦于想不出一个有亮点的名字，鉴于刚刚编撰完亚里士多德自然哲学的手稿《物理学》，索性就叫了个"物理学之后诸卷"。后衍生出拉丁文"metaphysica"，汉语翻译为"形而上学"，源于《易经·系辞》中"形而上者谓之道，形而下者谓之器"。"形而上学"的意思就是那些抽象的，超越世间万物的东西，"形而上学"被称为宇宙万事万物最一般、最根本、最普遍的基础和理论学说。

说起"形而上学"，它在中国的名声可是不咋地。在高中政治科上，"形而上学"一直被处理为辩证法的反面教材：用孤立、静止、片面的观点看世界。"形而上学"成了一个贬义词。实际上，亚里士多德的"形而上学"可不是那种孤立静止片面的世界观方法论，"形而上学"正是亚里士多德的存在论、实体论以及神学。比方说，门口保安问你："你是谁，你从哪儿来又到哪儿去？"这些个关于事物的本质、理念、灵魂等的问题，都是"形而上学"。这种意义上的"形而上学"本身就是哲学的同义词。

"形而上学"一直独领哲学很多年，出尽了风头。可渐渐地，许多哲学家对"形而上学"提出了不满：讨论了这么长时间的世界本质是什么，研究了如此久的 Ontology，最后的结论是什么呢？说到底你"形而上学"闹了半天什么问题也没解决，可谓饱食终日，不尽职守。终于，实证主义第一次打出了"拒斥形而上学"的旗帜，其他哲学家蜂拥而上批判形而上学，传统形而上学逐渐走向了没落。然而，无论这之后形而上学发展史上发生了多少次改朝换代，康德的一语道破真谛："人类精神一劳永逸地放弃形而上学，这是一种因噎废食的方法，这种方法不可取。"

亚里士多德可谓是西方伦理学与政治学的奠基人。在伦理学上，亚里士多德是个"幸福主义"者，幸福是最高的善，幸福是生命的目的。人区别于动物的独特性就是理性

（reason），当理性指导行为时，便产生了德性，德性是幸福的本质。在亚里士多德这里，幸福和德性是统一的。不过，翻翻西方伦理思想史，幸福和德性并不统一，西方伦理思想史上有两大思潮，一个是幸福论，一个是德性论，前者是自然主义，后者是理智主义。比方说在古希腊哲学家伊壁鸠鲁那里，幸福就是快乐，是"肉体的无痛苦，灵魂的无纷扰"；而斯多亚学派却反对快乐主义，他们坚持欲望须服从理性，继而纯化灵魂，主张清心寡欲，禁欲主义。在宅男康德那里幸福与德性也是分裂的，有德性的人不一定幸福，那些幸福的人不见得都是有德性的，这类似于我们的"好人没好报，恶人活千年"，德性在康德那里很无力地沦为了抽象的法则，道德主体的善良意志。很快，边沁的功利主义道德就把康德的绝对主义道德打得落花流水。

早在亚里士多德那里，德性与幸福统一于实践活动中，德性不是抽象的道德原则，德性寓于人的实践活动中。亚里士多德的伦理学是"实践哲学"，如果一个人把"节制"的德性解释得头头是道，他并不一定就拥有了节制的德性，只有当你能践行节制时，你才具备了节制；同时当你践行节制时，活动本身对于实施者而言构成了目的的满足，故而你节制，你幸福。

亚里士多德的伦理学中渗透着"中庸即美德"。提起"中庸"思想，中国人民激动得热泪盈眶，这不是中国特色中华文化的精髓么？不管承认与否，我们中国人性格之秘密，民族性格之复杂，其机理都深藏于中庸之中。也正是如此，亚里士多德的"mesotees"中道思想一入中国，我们立马将其翻译为"中庸"。在伦理学中，亚里士多德认为，人的行为必须是在"过"和"不及"之间的中庸之道中。勇敢，这个德性就位于莽撞和怯懦的之间，勇敢过头就是鲁莽，勇敢不足又是怯懦。节制位于禁欲和纵欲之间；慷慨位于奢侈和吝啬之间；友善位于逢迎和粗野之间。"无过无不及"的中间状态才是最好的，才是合乎德性的。亚里士多德认为，伦理学是研究个体的善，政治学则研究集体的善，"中庸之道"也适用于政治学。对于一个国家而言，它的公民分为了三类：富豪、中产和赤贫。富豪掌权的政体，往往出现放肆逞强、专横跋扈、藐视法律，容易滋生独裁和暴君。赤贫掌权的政体，穷人不懂如何治理国家，他们会掠夺别人的财产，演变成极端民主和暴民专政。只有中产阶级适合掌权，他们的财产不会多得遭人嫉妒，也不会少得觊觎他人，他们人数最多，也富有知识和教养，由这样的中产掌权的城邦是善的，正义的。

在政治学上，亚里士多德提出"人是天生的政治动物"，城邦就是为了实现幸福生活获得至善。理想的政体有三种：君王制、贵族制、共和制；这三种理想政体对应的变态政体是：

僭主、寡头、平民。根据亚里士多德的"中庸思想"，为了避免极端政体，中产者最好执政。

除此之外，亚里士多德还是形式逻辑之父。其中，我们最熟悉的就是形式逻辑三大基本规律和三段论了。三大规律：同一律、矛盾律、排中律。同一律：A 就是 A（尽管亚里士多德没有提出"同一律"，但他的思想中已经包含了同一律）矛盾律：A 不是非 A 排中律：要么 A 要么非 A 所谓三段论，就是包括大前提、小前提和结论三个部分组成的论证。比方说：人都会死（大前提）。苏格拉底是人（小前提）。所以，苏格拉底会死（结论）。一个三段论有效，要符合很多规则，现实中错误使用三段论的案例很多。网络小说鼻祖痞子蔡在《第一次亲密接触》里就使用了大量煽情的似是而非的三段论：

> 如果我有一千万，我就能买一栋房子。
>
> 我有一千万吗？没有。
>
> 所以我仍然没有房子。
>
> 如果把整个太平洋的水倒出，也浇不熄我对你爱情的火焰。
>
> 整个太平洋的水全部倒得出吗？不行。
>
> 所以我并不爱你。
>
> 如果我还有一天寿命，那天我要做你女友。
>
> 我还有一天的命吗？没有。

所以，很可惜。我今生仍然不是你女友。

因为如果 A，则 B；现在已知 A 成立，则 B 也成立。如果 A，则 B；现在 A 不成立，B 可能成立，也可能不成立，而痞子蔡的论证中当 A 不成立时，他却全部演绎出了 B 成立。

柏拉图最有名的学生是亚里士多德，亚里士多德最有名的学生是亚历山大，古代马其顿的国王。让我们中国人引以为傲的成吉思汗驰骋欧亚曾将中国的版图扩展到最大，成吉思汗的儿子也曾西征直接杀入欧洲心脏，而马其顿的亚历山大大帝则东征西讨，将铁蹄伸到了喜马拉雅山底，还好有青藏高原的阻挡，不然亚历山大就要和中国当时的战国七雄来一场恶战了。金戈铁马的霸主亚历山大对老师亚里士多德十分尊重并支持，还是王子的亚历山大曾经攻打雅典时，看在恩师亚里士多德出面斡旋的分上，保全了希腊文化。称帝后的亚历山大又曾多次为亚里士多德提供办学经费。不幸的是，亚历山大英年早逝，他死后希腊重新获得自由，欢欣雀跃的人们立刻恩将仇报，欲以"奉承僭主，不敬神灵"罪名处死亚里士多德。

亚里士多德差点就步他祖师爷苏格拉底的后尘。

还好有苏格拉底的前车之鉴，亚里士多德没能让雅典第二次迫害哲学，他灰溜溜地逃跑了。逃跑后的第二年，身心俱疲的亚里士多德在流放地郁郁而终。至此，古希腊三贤的时代结束了。

世界如此美妙，引无数思想竞折腰。惜苏格拉底，述而不作；宽肩膀柏拉图，稍逊风骚。一代天骄，亚里士多德，只识中庸即美德之道。俱往矣，数哲学风流人物，黑暗的中世纪却悄然来到。

亚里士多德死后，古希腊哲学一蹶不振，神秘主义沉渣泛起。

Augustinus & Thomas Aquinas

基督教哲学双台柱：
奥古斯丁与托马斯·阿奎那

Augustinus   Thomas Aquinas
(354–430)   (约 1225–1274)

这个世界上有哪个哲学家的思想能上升为官方意识形态，并享有至高无上的权威？除了卡尔·马克思的马克思主义，就是托马斯·阿奎那的托马斯主义了。阿奎那的神学哲学体系于 1879 年被罗马教皇定为天主教官方唯一哲学，阅读时，请认准托马斯主义商标，谨防假冒。

托马斯曾被封为"天使博士""全能博士"。1999 年 9 月，英国 BBC 评选出了千年十大思想家，他们分别是：

(1) 卡尔·马克思；

(2) 阿尔伯特·爱因斯坦；

(3) 艾萨克·牛顿爵士；

(4) 查尔斯·达尔文；

(5) 托马斯·阿奎那；

(6) 史蒂芬·霍金；

(7) 伊曼纽尔·康德；

(8) 雷内·笛卡尔；

(9) 詹姆斯·麦克斯韦尔；

(10) 弗里德里希·尼采。

我们看到，托马斯·阿奎那位于思想家的第五名，哲学家的第二名。对于从小受无神论教育的中国人民而言，神学家托马斯·阿奎那的确很陌生。那个时候，西欧社会经历了理性豁达的古希腊精神时期与纵情声色及时行乐的罗马精神时期后，热爱信仰的希伯来文明一跃而上，占据主导。西欧社会从此进入一个被史学家们称为"黑暗"的时代——中世纪。中世纪时，欧洲文明进程披上了宗教的外衣。要了解这位天使博士的光辉事迹，我们需要先了解基督教。说起基督教，我们又得先从犹太人说起。

话说犹太人的祖先希伯来人，本是幼发拉底河流域草原地区的古老游牧民族，他们曾因为灾荒迁移到埃及，后来却不幸沦为埃及人的奴隶。为了反抗埃及人的奴役，他们的首领摩西带领大家上演了《出埃及记》，来到了迦南（今巴勒斯坦）这个被《圣经》誉为"流满了奶和蜜"的地方，当地迦南人称其为"希伯来人"，意思是"从河那边来的人"。尽管犹太民族以"上帝的选民"自居，但在历史上，这个民族却多灾多难，受迫害和迁徙流散可谓是家常便饭。公元前63年，罗马人占领耶路撒冷，犹太人处于罗马帝国的统治下。在罗马帝国的淫威统治下，犹太人处于水深火热中，民不聊生。不在沉默中爆发，就在沉默中灭亡。为了反抗，犹太人曾多次揭竿而起，可惜的是每次起义均被镇压。爆发不成，只好沉默。打不过，我忍，犹太人在现实中找不到出路，但在内心中找到了另外一条出路——宗教。放心吧，救世主会伸张正义，拯救我们的。对此，后世一位哲学家云："宗教啊，你是无情中的有情，被压迫人的一声叹息，你是人民的鸦片。"

犹太教的一个教派就是基督教，也就是说，基督教是从早期希伯来人的犹太教演化而来的。耶稣本人也是犹太人，童贞女玛利亚没有洞房却生下耶稣，耶稣长大后驱魔行医、治病救人、宣扬天国、收徒传道，深受人民爱戴，成为意见领袖。意见领袖自然不讨当局喜欢，罗马帝国中央情报局早已注意到耶稣的邪教组织，准备伺机一网打尽。当耶稣和他的十二门徒准备去耶路撒冷时，罗马人收买了门徒之一的犹大，捉住了耶稣，以颠覆国家政权、传播邪教、组织煽动群众参与邪教的罪名将耶稣钉死在十字架上。

历史就是这样，胜者为王败者寇，王寇一线之隔，宗教亦是如此。尽管宗教与邪教有着本质区别，但只要与政治挂钩，有的宗教能发展壮大成为国教，有的却惨遭剿灭沦为"邪教"。

这时有人会问，既然基督教和犹太教同源，为什么后来基督教与犹太教矛盾不可调和？为什么西方文化中会产生反犹主义？为什么希勒特作为基督教信徒却疯狂屠杀犹太人？这里面的是是非非、恩恩怨怨涉及太多宗教、经济、政治的因素，我在此就不赘述了。

基督教早期只是在受压迫的底层犹太人中间流行，是弱势群体的心理安慰，罗马官方对其一直采取打压政策。慢慢地，基督教的平等博爱思想吸引了更多人，社会中的中上层

Augustinus

奥古斯丁
Augustinus（354–430）

甚至一些权贵阶层也加入基督教，这些人逐渐掌握了领导权，他们剔除了基督教的反抗精神，广为传播基督教中的忍耐、顺从、温良恭俭、恪守本分，打你左脸你要伸出右脸等美德。有一天，罗马帝国皇帝君士坦丁突然开了窍：基督教如此顺从，对统治者而言再好不过了。对于被统治者而言，与其暴力压制他们不如对他们精神麻痹。公元313年，君士坦丁颁布敕令，确认基督教的合法地位；公元392年，另外一个罗马皇帝狄奥多西一世颁布命令，废除一切旧有宗教，禁止一切异教活动，基督教是唯一合法的宗教。至此，基督教从夹缝里苦苦觅生的"邪教"摇身变为端庄大气的罗马帝国国教了。

基督教成为国教后，面临着两大问题。第一，基督教早期出身草根，教条松散零乱甚至还有着一些下层群众粗俗的神秘主义，现在成了国教，就必须建立一个系统的严谨的体系。不然就靠一本传奇故事般的《圣经》，不体面不说，恐怕还很难有说服力。第二，从前面的文章《古希腊三贤》中我们已经知道在希腊和罗马地区，古希腊哲学风靡一时，理性和逻各斯占据着人们的头脑。现在一种异族人，犹太民族的宗教要获得希腊和罗马人的信仰，必须对其进行包装和打扮。就像马克思主义传入中国，有了马克思主义中国化，有了中国作风和中国气派的马克思主义，马克思也要和儒家思想挂钩找个"共产主

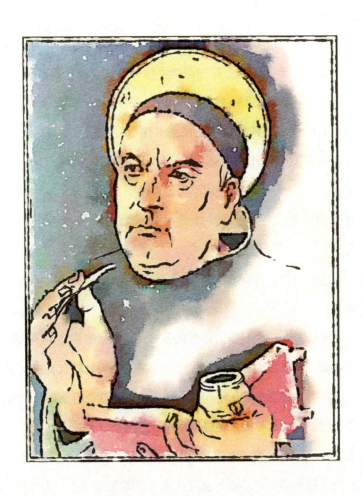

Thomas Aquinas

托马斯·阿奎那
Thomas Aquinas（约 1225–1274）

义""和谐社会"与"大同社会"的相似点；基督教成为罗马国教，也需要开展基督教的希腊罗马化，使得基督教民族化、本土化，具有希腊罗马的作风和气派。

于是一个工种应运而生，从事这个工种的人们展开了对基督教文献的整理和编纂工作，使得基督教教义理论化、系统化、本土化，这些工作者就是"教父"。他们的神学思想被称为"教父学"。这些教父中名气最大的一个叫作奥古斯丁。

这个时候，离我们的天使博士托马斯·阿奎那出场还有800年。

提起教父，人们要么会想到那部大名鼎鼎的讲述美国黑手党电影，要么会想到高尚如天使般纯洁的圣人，教父奥古斯丁就兼具了这两种形象。青年奥古斯丁放浪形骸，纵情声色，放荡不羁，吃喝嫖赌抽可谓样样精通，基本上就是一个优秀的黑社会分子。奥古斯丁荒唐归荒唐，但是悟性极高，他对宗教有着自己独到的见解。就好像恶人裘千仞注定要遇见一灯大师，从此幡然醒悟，重新做人；就好像电影《心灵捕手》里面的问题少年威尔注定要遇见西恩教授，走上正途；流氓奥古斯丁33岁时也遇见了他的贵人——主教安布洛斯，安布洛斯一句耶稣的原话："如果你丧失了灵魂，纵然你得到整个世界，又有何用？"使得沉溺在肉欲中却时刻感到空虚的奥古斯丁醍醐灌顶大彻大悟。从此后，他皈依基督教，脱胎换骨，成为一代教父。

教父奥古斯丁是如何改造基督教的？他吸收利用了柏拉图思想和新柏拉图主义中与基督教教义相融合的部分，用新柏拉图主义重新解释基督教教义，并把希腊人的理性、罗马人的伦理与犹太人的信仰完美结合在一起。我们就从神和人的两个角度看看奥古斯丁的改造工作吧。

对于神而言，奥古斯丁首先对"三位一体"作出了合理解释，"三位一体"指的是圣父、圣子、圣灵的完全平等，不分高低，不是三个神而是一个神。在早期的教义里，耶稣一会儿是上帝的儿子，一会儿是童贞女玛利亚感受到圣灵而怀孕生下的儿子，一会儿又是上帝的肉身。什么都是就什么都不是了，如果是其中之一，剩下的两个就不乐意了，怎么办？奥古斯丁这时就利用了柏拉图的理念论解释了一切。柏拉图认为理念才是完美永恒的，具体事物不过是理念的复制品。红苹果、青苹果、黄苹果都是苹果，他们的本质都是理念"苹果"，这个理念有实体，是客观存在的。也就是说，大小不一，颜色不同，口味各异的苹果的本质是一个客观存在的"理念"苹果。同理，圣父、圣子、圣灵处在同一的本体中，是"神"的三个不同表现而已。奥古斯丁认为同样三位一体的还有爱人者、被爱者、爱三位统一于爱，记忆、理解、意志三位统一于心灵。关于神，除了"三位一体"，奥古斯丁还论证了"创世说""上帝存在的证明"等，这些论证构建起奥古斯丁的上帝体系。

对于人而言，奥古斯丁论证了"原罪说"和"预定说"等。基督教义提出了亚当与夏娃偷食禁果构成了现实一切苦难和死亡的原罪，这时有的基督徒要提出问题了：既然说上帝全能全知，至善伟大，那么为何上帝还能容许如此罪过发生呢？还有人提问说：

都说上帝仁爱仁慈，上帝创造了一切，那罪恶也是被上帝创造出来的？这些提问类似于哲学家伊壁鸠鲁提出的悖论："上帝或者希望消除恶，但是无能为力；或者有能力消除之，但是不愿为之；或者他既不愿意又没有能力为之，或是既愿意为之又有能力为之。如果他愿意但没有能力为之，他是软弱无能的，这与上帝的身份不符；或者他能够为之但不愿为之，他是嫉妒的，这同样与其身份不符；如果他既不愿意又无力为之，那么他既嫉妒又无能力，这非上帝所为，如果他既愿意又有能力，则恶源自何处？"伊壁鸠鲁的悖论又与著名的"上帝悖论"相似："上帝能创造出一块他搬不动的石头吗？"如果答案是能，上帝造出了他搬不动的石头，那上帝不是万能的；如果说不能，那上帝也有做不到的事情，上帝不是万能的。悖论严重侵犯了上帝的名誉权，奥古斯丁论证"原罪说"就是要解决悖论给上帝带来的恶劣影响。

在奥古斯丁看来，上帝所创造的一切事物都是善的，这些客观存在的创造物就是实体。上帝并没有创造恶，恶不是实体，恶不过是对上帝所创造的善的缺乏，罪恶的真正原因是自由意志。自由意志本是上帝赋予给人的善，有了自由意志，人方能更好地生活。然而，人却滥用了自由意志为非作歹，四处作恶。这就好比上帝赋予了人双手，人能更好地生活，但有的人却用手杀人放火。该受到谴责的是滥用双手的人，而不是创造双手的上帝。似乎到此，奥古斯丁已经较完美地解决了"原罪说"，然而，不屈不挠的人们选择了继续发难：上帝是否能预知人用自由意志作恶呢？如果上帝不能预知，那上帝不是万能的；如果上帝能预知，那上帝所预知的事情必然发生，如此说来犯罪就是必然发生的事，罪犯就不应该受到责罚。于是，奥古斯丁继续论证：上帝能预知人犯罪并不等于上帝强迫人犯罪。上帝能预知犯罪但犯罪的原因是人的自由意志，我们不能说因为上帝预知了犯罪，所以人才要犯罪，上帝预知与人犯罪之间并不构成因果关系。

关于自由意志，在此需要强调的是，奥古斯丁的"自由意志"与马克思哲学中的"意识的主观能动性"貌似相似，但二者有着本质区别。主观能动性强调的是在物质决定意识的前提下，意识自身也有能动作用；而自由意志则指灵魂深处的主动力，自由意志可以直接作用于物质。自由意志是否存在本身就是唯物主义与唯心主义的分歧点。

既然每个人都有原罪，那罪恶如何救赎呢？奥古斯丁又论证了"预定说"：人类已有原罪，向善失去可能，犯罪是因为滥用自由意志，但解除犯罪却不能靠自由意志，作恶的人的意志早已被恶所控制，自由意志不"自由"。这样一来，自救只是徒劳，人类要想获得拯救就只能依靠上帝，信仰上帝才是唯一出路。但上帝的选择是"预定"，上帝并非把恩泽赐予全部人类，他选择他精心挑选出来的子民。倘若你没被选中，你还是要感谢上帝，因为你本身就携带着原罪，上帝是公正的。倘若你万幸地被上帝选中得到了拯救，有原罪的你更要对上帝感恩戴德。

至于上帝选谁，这是上帝的事情，这里面的神圣奥秘人类无法解读。

浪子回头金不换，奥古斯丁穷其一生深刻剖析自我，无怨无悔地追求着上帝。奥古斯丁的宗旨就一个：维护上帝与基督教。他鞭笞心灵写下的《忏悔录》，风靡一时，引来粉丝无数，使得后世哲学家们争先效仿。比方说，卢梭后来也写下一本《忏悔录》。奥古斯丁的"我怀疑，故我存在"也比笛卡尔的"我思故我在"早了1200年。奥古斯丁成功地运用柏拉图的哲学把希腊哲学的精神融于基督教中，用理性解释信仰，建立一个相对完善的基督教理论体系，他的思想被尊称为"奥古斯丁主义"。800 年后，托马斯·阿奎那出场，以亚里士多德哲学为基础的托马斯主义才终于取代了以柏拉图哲学为基础的奥古斯丁主义。13 世纪，托马斯主义如日中天。

从一个臭名昭著、邪恶无为、充满欲望的浪子转变为一生为上帝殚精竭虑，虔诚又高尚的神学家，前后强烈的对比反差赋予了奥古斯丁无穷的个人魅力和影响。

比起奥古斯丁绚丽多彩的一生，憨厚老实的托马斯·阿奎那的一生则好比苦行僧一样乏善可陈。奥古斯丁的著作有血有肉，热情真挚；托马斯·阿奎那的著作则逻辑严谨，条理分明。

托马斯·阿奎那出生之时，基督教由盛而衰，国王与教皇在政治经济等权力问题上相互博弈，一决雌雄。托马斯·阿奎那本人出身于名门贵胄，家族与皇室关系密切，托马斯的表兄就是当时的国王。托马斯·阿奎那的父母对儿子的人生设计也是希望他长大后谋得一官半职为王室服务，因此，托马斯小时候就被父母巧妙地安排在教皇的阵地——蒙特卡西诺修道院，开始了九年义务教育。父母的意图很明显，终于有一日等我儿长大，荣登修道院院长宝座，蒙特卡西诺修道院就会易帜换主，脱离教皇归我王室旗下。

　　然而，计划赶不上变化，托马斯父母的如意算盘很快落空了，长大后的托马斯竟然背叛家庭，宣誓加入教会，投靠教皇。消息传来，托马斯的父母气急败坏，儿子此举简直是离经叛道，弃家族荣誉于不顾，令王室蒙羞。在表兄国王的授意下，托马斯遭到了军队的地毯式搜捕，搜捕的结果就是托马斯被擒，后被两个亲哥哥押送回家，软禁家中。从此，托马斯的父母、兄弟、姐妹们对托马斯展开了长达一年多的攻心战。

　　托马斯母亲："托马斯吾儿，你父与我年事已高，如今时局混乱，家族荣耀岌岌可危，你莫要误入歧途，寒了为娘之心呀。"

　　托马斯姐姐："弟弟呀，你我为人子女，势必恪守孝道。父母含辛茹苦，你休要忤逆不孝。"

　　托马斯哥哥："生于王室必将忠于王室，现送你一绝世美人，望你尽快回心转意，你我兄弟联手干一番光宗耀祖的大事业，享尽人间荣华。"

　　面对所有苦口婆心以及美人计，托马斯·阿奎那无动于衷：我心匪石不可转也，我心匪席不可卷也。头可断，血可流，信仰不能丢！妖女来了，我乱棍打走。

　　被软禁期间，托马斯抓住一切时机传教布道，在托马斯的不懈努力下，他的一个姐姐被成功策反，最终帮助托马斯逃跑。逃跑后的托马斯如饥似渴地学习宗教和哲学，因其沉默寡言、体形肥硕、行动迟缓，被同学们讥笑为"哑巴公牛"，获得自由于托马斯是如虎添翼，在老师的带领下，他在基督教神学领域大展拳脚，公牛吼一吼，哲学抖三抖，因为这头"公牛"，一个哲学沦为神学婢女的时代即将来到。

一切神学的基本问题围绕着上帝展开，关于上帝存在与否，托马斯之前的奥古斯丁曾论证过。奥古斯丁用"光照说"，从知识论角度论证上帝存在。按照"光照说"，人的肉眼根据太阳光得以看见世间万物，而人的心灵则借助上帝这种真理之光看清真理。信仰越虔诚，上帝的光照才会越通透，神圣真理也才能最终被认识。奥古斯丁的跟随者"最后一名教父和第一个经院哲学家"的安瑟尔谟从本体论角度也论证了上帝的存在，安瑟尔谟的论证是个三段论：

大前提：可以设想的无与伦比的伟大东西既存在于心中，也存在于现实中。

小前提：上帝是可以设想的无与伦比的伟大东西。

结论：上帝既存在于心中，也存在于现实中。

今天的人们看到这个三段论会哑然失笑，怎么能将"可以设想的无与伦比的伟大东西"作为实际存在的依据呢？有上帝的观念就有上帝的存在吗？在心中存在和在现实中存在不是一回事。但是放在当时那个信仰上帝的大背景下，这一前提竟然作为共识不证自明。面对安瑟尔谟红极一时的论证，托马斯提出了质疑：上帝的存在不能像同一律和矛盾律那样不证自明，对于不信上帝的人而言，有上帝的观念不一定就必然有上帝的存在。上帝的存在不是人通过理性直觉就可以把握的。托马斯反对这种先验的从观念世界出发的证明，他决定要从经验世界出发后验的证明，即从万事万物的效果出发去证明上帝是原因。于是，托马斯依据亚里士多德的学说，提出了通向上帝之路的"五个途径"。

（一）根据事物的运动：事物总是从一个现象到另一个现象，万事万物的运动变化总要有一个推动者，于是会有一个终极的推动者，它推动一切事物变化。这个亚里士多德的"第一推动者"就是上帝。

（二）根据事物运动的动力因：世界上任何一个结果都有其原因，这个原因又是其他事物的结果，层层追溯，会有一个终极的原因，这便是上帝。

（三）根据事物的可能性与必然性：世界万物的个别存在是偶然的，但世界有一个必然存在，没有必然就不会有这些如此多的偶然了。这个绝对的必然就是上帝。

（四）根据事物的不同等级：世间万物等级不同，有的高级有的低级，不同的等级是根据一个绝对的完美的善来划分的，绝对的善就是上帝。

（五）根据事物的目的论：万物都有目的地活动着，每一个无知的东西都会受到有目的、有意识的指导，好比箭要有射手来发射。这个万物伟大的整体的目的制定者就是上帝。

托马斯的五个论证一经推出，备受推崇，立刻超越了运用柏拉图思想的关于神的证明，成为当时最受欢迎的关于上帝的证明。我们看到，这五个论证的前三个都是从结果推出原因的因果论证明，后两个是目的论证明。这些证明也并非原创，主要还是利用了亚里士多德在《物理学》和《形而上学》里的理论。当然，托马斯也没有避免亚里士多德所犯的错，他的五个论证也并非无懈可击，这些证明后来就遭到奥卡姆和康德等人的批判。

教父奥古斯丁借用的思想资料主要是柏拉图主义、新柏拉图主义。到了13世纪，亚里士多德的哲学伴随着阿拉伯人文化的传播再次卷土重来，亚里士多德的形而上学、逻辑学、自然哲学、伦理学著作被译成拉丁文，在基督教世界引起了极大震动。亚里士多德的思想一开始还作为异端被禁止，但很快便取代柏拉图成为神学家们的思想偶像，成为基督教神学的主要工具，亚里士多德主义成为一股不可抗拒的新思潮。托马斯·阿奎那独具慧眼顺应潮流，采纳了亚里士多德学说，加强对理性认识与自然哲学的研究，放弃了柏拉图的保守陈旧学说并修改奥古斯丁主义的先验论，使得基督教的发展与时俱进。

托马斯梳理了理性与信仰、哲学与神学的关系。他论证了理性与信仰、哲学与神学的协调一致，哲学是神学的婢女。在托马斯看来，奥古斯丁和安瑟尔谟等前辈利用柏拉图的学说时，却未曾阐明理性与信仰、哲学与神学的关系，以致人们误以为神学所肯定的东西，必然为哲学所否定，从而得出哲学就是要反对神学。在托马斯看来，哲学和神学、理性和信仰可以并存，但神学是最高智慧，理性要服从信仰。神学的确实性不是来源于人的理性，而是来源于上帝启示的绝对正确，因此绝对不会发生错误。但哲学来源于人类的理智，理性会犯错误，所以哲学是通俗而低等的学问，神学必然高于哲学。综上所述，哲学是神学的婢女。

托马斯·阿奎那除了是中世纪最有名的神学家，他还是中世纪最有名的经院哲学家。所谓经院哲学，就是产生于教会、修道院等学校，为宗教神学服务的一种哲学思潮。经验哲学建立在教父哲学的基础上，以奥古斯丁为代表的教父哲学产生于基督教的起步阶段，内忧外患下，急需要教父们为基督教教义进行辩护；而到了经院哲学阶段，基督教已是正统，学者们要做的就是论证基督教教义了。经院哲学早期在对教义的论证化和系统化方面作出了贡献，然而，由于经院哲学排斥自然科学，鄙视经验知识，盲目崇拜权威，片面地运用形式逻辑，他们渐渐沦为形式主义和烦琐哲学的代言人。比方说，他们会荒唐地研究"天堂里的玫瑰花有没有刺""一根针尖上能站几个天使""天使吃什么"等严重脱离实际、空洞无聊的问题。

经院哲学家里有两派：一派叫唯名论，另一派叫实在论。围绕着"个别"与"一般"问题，两派展开了哲学论战。唯名论与实在论的辩论可谓承上启下，它上承柏拉图与亚里士多德的思想区别，下接经验论与唯理论之争。柏拉图的理念论认为一般高于个别，可谓是实在论的代表，但亚里士多德则认为个别事物才是第一实体，越个别的事物实体性越强。不过亚里士多德又提出形式质料说，形式高于质料，思想比较模棱两可。到了近代，唯名论对应的是经验论，实在论对应的则是唯理论。

唯名论与实在论争论的中心就是"个别"与"共相"（一般）的关系。唯名论否认共相（一般）具有客观实在性，认为共相后于个别事物，只有个别的感性事物才是真实的存在。这一派主要代表人物有罗瑟林、阿贝拉尔、罗吉尔·培根、邓斯·司各特、奥卡姆等。实在论则认为共相具有客观实在性，共相是先于个别事物而独立存在的精神实体。这一派主要代表人物有安瑟尔谟、托马斯·阿奎那等。一般与个别看似是基督教哲学理念的冲突，实则却反射出基督教人民内部的矛盾：

即教会化的基督教与个人化、私人体验化的基督教信仰之争。这场旷日持久的唯名论与实在论之争，有点类似于江湖中的武林正派与邪教之争，实在论倾向于正统，唯名论一不小心就会沦为异端，基督教人民的内部矛盾偶尔也会扩大化，托马斯本人就是先被打成邪教异端，后又被教会立为武林正统。基督教人民内部矛盾最终还是没处理好，两派俱伤，经院哲学走向了衰落。

奥古斯丁与托马斯·阿奎那二人被誉为基督教哲学的双台柱，他们一个吸收柏拉图哲学以及新柏拉图主义的思想，一个吸收亚里士多德的哲学，最终都将这些哲学思想融于基督教中，用理性解释信仰问题，将基督教哲学推上顶峰。

作为一个无神论者，我的心中没有任何一种神。可每每读起奥古斯丁与托马斯·阿奎那的作品，尤其是奥古斯丁的《忏悔录》，书中字里行间透露出来的那种发自内心的真诚以及对灵魂的深刻鞭笞，令人感动不已。就好比任何一个无宗教信仰的人听到那天籁般唱诗班音乐，也会不由自主地心静神宁。

人类如此不完美，拷问心灵，我们充满了忧伤。尼采大吼"上帝死了"，人们用理性驱逐了上帝，然而没有了上帝的人也没有实现所谓的自由。科技的日新月异导致人与人之间的冷漠，理性在灾难面前力不从心，欲望的无限膨胀引发道德的一次又一次沦丧，失去了信仰里的彼岸世界，人们却在此岸世界里为非作歹，肆意妄为。于是福柯大呼"人死了"，理性的人、主体的人也一命呜呼。

此时此刻，虔诚的信仰愈发简单纯真。人类的确需要信仰，只不过不是信仰上帝佛祖，不是信仰极乐天国。我们信仰人——大写的人！

Michel Foucault

恶之花
福柯

Michel Foucault

(1926–1984)

有一天你正走在大街上，不料却遭到仇家恶意报复，被人强行抓进了精神病医院，这时你该怎么办？

第一种情况：事发突然，你惊悚万分，大声哭闹，歇斯底里：我是正常人，我是遭人陷害的，求你们放我出去吧。医生很不耐烦，在你屁股上狠狠地注射了一针。

第二种情况：你感到莫名其妙，强忍住惊慌，理性地和医务人员沟通：这里面一定有误会，我很正常，是某名牌大学某热门专业的学生，智商测试140，曾获得过全国数学竞赛一等奖，请您放我出去。不料，医生却很不屑：看见旁边那个流口水的老头了吗，他还是著名数学教授呢。然后，你被扎了一针。

第三种情况：你积极配合医务人员，不要引起他们的格外注意。每日吃药时佯装吞咽，后趁医务人员不备将药吐出。细心留意医院的管理漏洞，伺机飞越疯人院。最后找媒体曝光此事。

上面这个故事看似荒唐却引发人们思考：一个理性的人如何证明自己不疯癫？理性和疯癫究竟是什么关系？精神病院是一种什么性质的机构？如果它是医院，那病人本可以想来就来想走就走，可为何它却在某种程度上剥夺人的自由？

1975年囊括了奥斯卡奖最佳电影、最佳男女主角、最佳导演、最佳改编剧本等五项大奖的著名电影《飞越疯人院》讲述了一个关于疯人院的故事：主人公麦克墨菲为了逃避监狱的强制劳动就自作聪明地装疯卖傻，后来他果真被人送进疯人院。以为获得了自由的麦克墨菲开始整天在疯人院里找乐子，自由放纵的他在疯人院里制造出了一系列出格行动：违反禁令、倡导民主、私自带进女人……麦克墨菲的热情好动、狡猾轻浮与疯人院的机械冰冷、严格科学格格不入，他的到来严重挑战了护士长的绝对权威。一次次的斗法，麦克墨菲的最终结局却是从一个健康人变成了货真价实的病人——他被彻底摘除了脑白质。

这部充满丰富隐喻的电影反映了一个主题：疯人院，这个被定义为对患有精神疾病的病人进行检查、诊断和治疗的医院，却凭借严格的规章制度和复杂的文化心理肆意剥夺人们的自由。它披着温情脉脉的人道主义外衣，看似采取了民主的管理制度，实际上却是护士长的独裁统治。任何不服从护士长的病人都会被强制摘除脑白质。而所谓疯人院里的疯子也没几个是真疯，他们不过是比社会所容纳的正常人多了几分个性而已。电影《飞越疯人院》根据1962年美国作家肯·克西同名小说改编，这部小说放在20世纪60年代美国冷战和麦卡锡主义盛行的大背景下，强烈的反体制、反传统、反主流的叛逆情绪溢于言表。

《飞越疯人院》里对疯癫、权力、惩戒等主题的表达与哲学家米歇尔·福柯在著作《疯癫与文明》中的思想极为相似。米歇尔·福柯，20世纪法国大名鼎鼎的哲学家、历史学家、后现代主义者。福柯的思想对哲学、历史学、文艺理论等产生了深远的影响，他曾被称为"20世纪法兰西的尼采"。可以说，福柯对20世纪时代精神的持久影响超过了同时代任何一位哲学家，甚至是萨特。就拿福柯对文艺理论的影响而言，影视编剧们尤为青睐福柯的理论，电影《飞越疯人院》《发条橙》，美剧《美国恐怖故事》等影视作品都折射出福柯理论的影子。

尽管每一位哲学家的研究领域都不尽相同，但他们的研究有着一个共同的最高的目的：人类的生存、自由与幸福。围绕这一主题，哲学家们开始了辛苦探索。其中，怪才福柯不走寻常路，他另辟蹊径，从社会边缘群体着手，批判现代人的生存现状，探讨人类的生存和自由。如果说康德、黑格尔的哲学如古典音乐般隽永甘醇，罗素、萨特的哲学如通俗音乐般平易近人简单通俗，那福柯的哲学就是汪洋恣肆的重金属摇滚乐。

你我身边总会有这样一些人存在，他们可能是某个邻居、某个同学、某个亲朋，他们一般留着长发或者干脆光头，他们扎着耳洞举止怪异离经叛道，不喜与人交谈。他们拒绝社会千百年来约定俗成的那张网，苦苦寻觅着属于自己的那张不同

福　柯

Michel Foucault（1926–1984）

寻常的网。很多年过去了，他们中有的遇见高人点拨终于回归正常娶妻生子；有的拖着破烂不堪的灵魂不甘地苟活；有的因叛逆过度沦为犯罪分子人们谈之变色；还有极少数人最终叛逆地修成正果成为引领一个新潮流的哲学家、艺术家或文学家。米歇尔·福柯就是这叛逆者中成功的一个。从小跟随医生父亲在手术室里目睹了太多的断臂残肢，又见证了法西斯主义的杀人如麻，第二次世界大战的血流成河，福柯对世界的认识是威胁、恐惧、阴暗、压抑的。他墙头挂着西班牙画家戈雅的《疯人院》，他喜欢阅读情色作家萨德充满性虐描写的文学作品，行为偏僻个性乖张，福柯的另类性格为他日后另类的研究角度做好了铺垫。果不其然，成年后的福柯在他的作品里以排山倒海之势颠覆传统，反对理性，为读者详细论述了疯癫的历史、性的历史、监狱的历史、禁闭、惩罚等一系列鲜为人研究的话题，成为人们眼中一位为社会底层和边缘群体"请命"的哲学家。

在我眼里，福柯的《疯癫与文明》是继尼采的《查拉图斯特拉如是说》之后，一本难得的集哲学性与文学性于一身，字字珠玑、才华横溢、修辞精致、鞭辟入里、堪称完美的哲学作品。福柯在这本书中提出了一个令人耳目一新的观点：疯癫并不是自然的现象，而是人类文明的产物。也就是说，在蛮荒状态下不可能出现疯癫，疯癫只能出现在社会中。精神病院的出现是人类社会政治、经济、文化的产物，带有明显的规范化、制度化特征。通过精神病院，统治阶级可以对个体实行规训，并实现对个体的监督、驯服和操纵。

在《疯癫与文明》一书里，福柯详细考察了西方社会人们对待疯癫者的三次变化：

从中世纪末到文艺复兴时期，麻风病逐渐消失，但是禁锢麻风病人的场所以及人们对待麻风病的陋习却依然保留。这时，疯癫者取代麻风病人成为被人清洗的对象，他们被驱逐出城，四处流浪。为了不让他们返回家乡，就把他们送至一个遥远的地方。在这一时期作家伊拉斯谟、莎士比亚和塞万提斯的作品中，我们可以看到疯癫者的形象。莎士比亚的戏剧里总会出现个洞悉一切、把握真理的疯癫者；塞万提斯的《唐·吉诃德》就讲述了一个关于疯癫游侠的故事。

到了17、18世纪，笛卡尔理性主义哲学占据主导，本是自然状态的疯癫却遭到理性的彻底排斥，疯癫者被禁闭。在这个时代里，疯癫者与穷人、流浪汉、放荡者、同性恋者等被囚禁在一起，医院早已不是医疗机构而成为一个可以惩罚、审判的权力机构。理性通过禁闭疯癫可以不受干扰地独自发展，获得了对疯癫的绝对统治。从此，疯癫在黑暗的禁闭室里成为了一种非存在物。"通过禁闭，疯癫被公认为虚无。"

18世纪到现在是现代精神病学和精神病医院的时代。法国人皮纳尔在法国大革命后，创立了实证主义疯人院，过去那种监禁机构被推翻。从此疯癫者的肉体开始被人道地对待，但他们的精神依旧受到理性的禁闭。理性仍旧绝对控制着非理性。

疯癫，福柯总结道，是一个社会事实，是一部分人对另外一部分人的判决，是一群人对另外一群思维方式与之不同的人的孤立，理性一直对疯癫专权。福柯的思想是反理性的，尤其是反笛卡尔主义。在福柯看来，理性主义领路人笛卡尔的"我思故我在"无法成立。"我思"作为一种意识，无法与"主体的我"以及"我存在"等同。很明显，无意识的我、做梦的我或者疯癫的我难道就不存在了？于是，人们为理性唱赞歌，福柯则替非理性鸣不平；人们讴歌人道主义，福柯却撕破人道主义温情脉脉下的虚伪面纱；人们欢呼知识进步，福柯则把知识与权力，惩罚的阴暗面展示给你；福柯说理性是独裁的皇帝，人们一直默默地为理性效忠。尽管理性看起来温文尔雅，但他其实是个暴君，他一直压制、监视、监禁疯癫。福柯大声宣布"人死了"，作为主体的人死了，知识、历史、语言的源头与基础死了，以主体为特征的整个西方文明势必大厦将倾。

如果说笛卡尔为主体至高无上的近代哲学鸣锣开道，那福柯就为这种主体哲学鸣金收兵。

　　在福柯眼里，理性不仅通过疯人院驯服疯癫，它还变本加厉地通过监狱监视疯癫。在电影《肖申克的救赎》，美剧《越狱》中，我们能看到这样的监狱：环形或者类环形建筑，高高的瞭望塔，囚室之间彼此暴露，这种监狱模式正是继承了近代"全景敞视主义"监狱。近代以来的"全景敞视主义"监狱是个环形建筑，中央是瞭望塔，每一间囚室都在环形建筑的横切面上，每间囚室有两个窗户，一个对着瞭望塔，一个对着外面的阳光。这样的监狱布局使得每个囚犯的一举一动都暴露在监视之下。监狱的高效率化管理使得这种理性模式在全社会范围内被普遍接受，于是乎，有一双眼睛总是无时无刻不盯着你，工人在工厂内被强制安心工作，学生在学校里被强制专心学习，一种惩罚和监视的机制就这样内在化了，社会成为纪律制的秩序社会。

　　福柯考察了中世纪的疯人院、文艺复兴时期的愚人船、古典时期的大禁闭、18世纪的精神病医院，他就像个细心的考古学家一样，把每一个发现和当时的年代、历史环境结合，把事实与思想结合在一起，找出历史的秩序来。福柯给自己的这种思想方法起了个名字"知识考古学"。考古学本是通过对历史上遗留下的遗迹和遗物进行研究考证，重新构建历史的组合连接顺序，福柯借以比喻自己的研究方法是用来梳理人类的知识。福柯的知识考古学对历史的线性发展和同一连续性不感兴趣，他重在考查历史的差异和多样性。晚年的福柯又将"知识考古学"发展为"谱系学"，谱系学的概念来自尼采《道德的谱系》一书，福柯的谱系学批判了过去传统历史和哲学总是陷入对本质、本原寻求的窠臼，拒斥了过去那种宏大叙事的哲学基础。传统的历史学家、哲学家们不是喜欢研究那些高贵的年代、抽象的概念、纯粹的理性吗？而我的谱系学就从研究人的肉体、消化系统、神经系统着手，福柯建立了以"权力——知识——身体"三角关系的谱系学研究方法。

　　曾有人认为福柯的理论研究纯属多此一举，正常人还研究不过来干嘛去研究疯子？其实，说这话的人从来没意识到我们每个正常人身上都藏匿着一个"疯子"，那些行走在路上神色匆匆的人们、那些为养家糊口辛苦打拼的人们、甚至那些与理性的知识与科学一直打交道的人们，他们或冷漠沉默或温和有礼的背后又藏匿着什么不为人知的故事和真相？就像我们永远觉得周围人都是正常的，那些夸张离奇的想法和人物不过是出现在小说中，我们从未意识到其实我们每一个人都是小说的主人公，作家不过是把那些秘而不宣的情绪放大，把每一个人都有的压抑、隐秘、离轨的情绪曝光。现实生活中，有人会一辈子控制好那些非理性的情绪，有人宣泄之后又再次回归理性，有人却压制无果后选择了自我放逐成为"疯子"。其实，如何对待"疯子"就是如何正确对待人类自己，功利主义者会认为疯子是人类社会自然淘汰掉的个体，这是正常的社会进化，何必为这些退化的疯子们大费周章地提供养料和医疗场所？历史上，也真的有一群叫纳粹的另外的"疯子"对精神病院的"疯子"们大开杀戒。整个"二战"，纳粹处死了十几万精神病人，在纳粹眼里这些不能从事物质生产和创造，只能给活着的人徒添负担的精神病人是不值得存活的生命，杀死他们可以替社会节约资源。曾写下"人，诗意地栖居"的诗人荷尔德林因为精神失常也惨遭黑格尔的抛弃，黑格尔是理性的集大成者，理性与疯癫自然水火不容。

福柯是哲学家中有名的同性恋，比起前辈哲学家维特根斯坦苦苦压抑自己的同性恋身份，福柯倒是对自己的同性恋身份颇为认同，他经常公然为同性恋辩护，还提出了"打倒性的专政"口号。不幸的是，同性恋酒吧的极限体验与频繁 SM 的快感之后，福柯染上了艾滋病，1984 年，福柯因患艾滋病去世，享年 58 岁。

福柯死后，很难对其盖棺论定，他是哲学家还是历史学家？他是结构主义者还是反结构主义者？我想吉尔茨的评价最准确："福柯，是一个非历史的历史学家，一个反人本主义的人文科学家，一个反结构主义的结构主义者。"福柯的一生就像波德莱尔的《恶之花》，在阴暗腐朽中开出的一朵妖艳的花。福柯那离经叛道的新思想，福柯那波谲云诡的私生活，使得他迄今为止都是一位饱受非议的思想家，也许不是福柯太疯癫，而是世人看不穿吧。不过我们必须承认一点，今天的人们能对同性恋如此包容，今天的人们思想能如此开放，呈现出现代的状态，福柯，功不可没。

致 读 者

哲学的意义是什么？

如果让哲学家来回答这个问题，答案自然是五花八门。

擅长诡辩的苏格拉底立马会反问你：什么是意义？

老实憨厚的神学家托马斯·阿奎那会说：哲学是神学的婢女，我的哲学是为了让人类更好地信仰上帝，阿门；

笛卡尔会说：我的哲学是为了确立人的主体性；

黑格尔会说：理性主宰着一切，我的哲学是为了确定理性的至高无上；

马克思会说：他们都喜欢解释世界，我的哲学要改造世界；

维特根斯坦会说：哲学的争论是因为日常语言的错误用法，我搞哲学是为了不搞哲学；

……

思想不同，流派不同，答案斑驳迥异。

但所有的哲学家们都会在哲学的终极意义上达成一致：哲

学是为了追求人类的至善和幸福，哲学关乎着人类的生存。

不过，这种宏大叙事般的终极意义对于那些过着普通平淡世俗生活的人们而言却遥不可及。对此，丹麦哲学家克尔凯郭尔曾云："哲学是人生的保姆，她会照看我们，但不是奶妈，她不会哺乳我们。"克尔凯郭尔诙谐地讽刺着哲学家："哲学家是一群善良好心的家伙，他们愿意帮助别人进入理论，但除了他们荒谬而又呆板的严肃性和重视理论的态度，还有些关于他们的疯狂的事迹。他们同情那些过去的人们，认为他们生活在一个没有完善，并且不可能有公正客观的理论体系里，但当你询问他们新的体系时，他们总用新的借口搪塞你：不，还没有完全准备好，新的体系就快完成了，将在下个星期天前完成。"尽管如克尔凯郭尔般犀利的哲学家们善于犀利地自嘲，可在外人眼里，这群疯狂的哲学家们依然可以魅力十足地接受着后世的顶礼膜拜。

对于个体而言，哲学的意义就在于它的"无意义"。学习哲学也许不会使你升官发财，升职加薪，大多数哲学家本人也被思想本身折磨得痛苦抑郁，气质异于常人。然而，对于人类整体而言，哲学意义非凡，哲学是人类的精神家园，人类的尊严恰恰来源于人类的思想。人类该何去何从？为了满足欲望，我们制造工具，发展科技，生产出令人眼花缭乱的更多商品，然而这一切却并未给我们带来更多的幸福。为了攫取利益，人类相互厮杀，为了满足消费欲望，我们苦心钻营，人类也不曾料到自己有一天竟会沦为这些工具与商品的奴隶。为了避免沉沦，哲学以它从不懈怠的批判精神，指引着人类的进步，就算某天人类社会如桃花源般完美，哲学家们仍然可以从中挑剔出毛病，苛刻地继续完成他们的批判。哲学是一种超越，超越时代的缺陷与不足，超越人类的那些痛苦与孤独，指引着人类永远以夸父追日般的热情孜孜不倦地追求着终极自由与幸福。

如果你热爱思想，那些艰深晦涩的大部头的哲学著作却总令你望而生畏，止步不前，那你不妨尝试下本书吧。早些时候，当有人向我抱怨有心学哲学无奈看不懂时，我开玩笑地回答说，我会给你写一本欢乐版通俗哲学史，于是有了早期信手涂鸦以网络日志形式随意写的《哲学十二钗》，意外的是，这种写作方式竟然在网络上吸引了很多的读者，我也从此严格要求自己争取写好每一篇。一路走来，我惊喜不断，惊喜于自己竟然能持之以恒地写下去，更惊喜于在这个功利的消费主义时代还是有这么多的青年人对哲学充满了热爱。这些网络日志得到编辑的青睐，故集结成册，成为《不疯癫，不哲学》。

本书依旧采取"哲学十二钗"的纪传体编排方式，分为正册和副册。每一"钗"或是一位哲学家（如毒舌男叔本华），或是一双哲学家（如雌雄大侠波伏娃与萨特），或是某个哲学流派（如丐帮哲学家：犬儒学派）。"哲学十二钗"正副册的划分也是依据各钗的思想魅力与影响力。所谓正册，也就是十二冠首哲学家之册了。当然，在排名顺序上免不了作者本人的主观喜好，难免有不客观之处，加之作者水平有限。恳请各位读者朋友们见谅并批评指正。

为了便于读者更好地了解思想之间的继承和发展关系，把握哲学史的发展脉络，本书还设置了编年体的编排，这种叙述方式按照时间顺序和哲学流派的划分，阅读完《不疯魔，不哲学》也就大致把握了哲学史的发展脉络。

最后，该如何使用本书呢？作为一本通俗读物，本书重在思想启发与调动起大家阅读哲学的兴趣，当哲学家本人那些鲜活的思想被各种书本凝固化，本书试图提供另外一种认识哲学家们以及他们思想的新方式。本书更像是哲学盛宴前的开胃餐前酒，能够刺激读者们的欲望，滋补身心，健胃消食，拉近每一位普通哲学学习者与精深哲学思想之间的距离。在此需要强调的是，对于任何哲学学习者而言，严肃的原著阅读不可替代。

哲学家帕斯卡尔曾说："能嘲笑哲学，这才真是哲学思维。"

最后，衷心地希望每位读者能在这次轻松的阅读中有所裨益。